EL DISEÑO DE DIOS PARA TU FAMILIA

Libros de John MacArthur publicados por Portavoz

¿A quién pertenece el dinero?
El andar del creyente con Cristo
El asesinato de Jesús
Avergonzados del evangelio
La batalla por el comienzo
Cómo obtener lo máximo de la Palabra de Dios
Cómo ser padres cristianos exitosos
Cómo sobrevivir en un mundo de incrédulos
El corazón de la Biblia
De tal manera amó Dios…
La deidad de Cristo
El diseño de Dios para tu familia
Distintos por diseño
El evangelio según Dios
La gloria del cielo
Jesús: preguntas y respuestas
La libertad y el poder el perdón
El llamado de Cristo a reformar la iglesia
Llaves del crecimiento espiritual
Nada más que la verdad
Nuestro extraordinario Dios
El Pastor silencioso
Piense conforme a la Biblia
Los pilares del carácter cristiano
El plan del Señor para la Iglesia
Los planes proféticos de Cristo
El poder de la integridad
El poder de la Palabra y cómo estudiarla
El poder del perdón
El poder del sufrimiento
¿Por qué un único camino?
Porque el tiempo sí está cerca
Salvos sin lugar a dudas
Sé el papá que tus hijos necesitan
La segunda venida
Teología sistemática
El único camino a la felicidad
La verdad para hoy

Comentario MacArthur del Nuevo Testamento

Mateo
Marcos
Lucas
Juan
Hechos
Romanos
1 y 2 Corintios
Gálatas, Efesios
Filipenses, Colosenses y Filemón
1 y 2 Tesalonicenses, 1 y 2 Timoteo, Tito
Hebreos y Santiago
1 y 2 Pedro, 1, 2 y 3 Juan, Judas
Apocalipsis

El diseño de Dios para tu familia

John MacArthur

Editorial Portavoz

La misión de *Editorial Portavoz* consiste en proporcionar productos de calidad —con integridad y excelencia—, desde una perspectiva bíblica y confiable, que animen a las personas a conocer y servir a Jesucristo.

Título del original: *The Fulfilled Family*, © 2005 por John MacArthur, y publicado por Thomas Nelson.

Edición en castellano: *El diseño de Dios para tu familia* © 2019 por Editorial Portavoz, filial de Kregel Inc., Grand Rapids, Michigan 49505. Todos los derechos reservados. Publicado por acuerdo con Thomas Nelson, una división de HarperCollins Christian Publishing, Inc.

Traducción: Ricardo Acosta

Las cursivas añadidas en los versículos bíblicos son énfasis del autor.

EDITORIAL PORTAVOZ
2450 Oak Industrial Drive NE
Grand Rapids, MI 49505 USA
Visítenos en: www.portavoz.com

ISBN 978-0-8254-5867-5 (rústica)
ISBN 978-0-8254-6756-1 (Kindle)
ISBN 978-0-8254-7577-1 (epub)

3 4 5 edición / año 28 27 26 25

Impreso en los Estados Unidos de América
Printed in the United States of America

A mi querida familia,
especialmente a mi amada Patricia.
"Su estima sobrepasa largamente a la de
las piedras preciosas".

PROVERBIOS 31:10

CONTENIDO

INTRODUCCIÓN

He estado hablando y escribiendo acerca del diseño de Dios para la familia desde los primeros días de mi ministerio. Una serie de sermones que prediqué hace muchos años sobre Efesios 5—6, en los que examino con cuidado lo que las Escrituras enseñan respecto a los papeles de los padres y de los hijos, ha sido durante tres décadas el juego de cintas y discos compactos más vendidos que nuestro ministerio ha producido. Primero publiqué un libro sobre la familia hace más de tres décadas.[1] Esa obra fue tan bien recibida que el editor la complementó algunos años después con una película en cuatro partes y una serie de videos.[2] Más o menos una década después escribí otro libro y produje una nueva serie de videos sobre

1. John MacArthur, *The Family* (Chicago: Moody, 1982).
2. John MacArthur, *How to Raise Your Family: Biblical Essentials for No-Regret Parenting* (Chicago: Moody, 1985).

la paternidad cristiana.[3] A lo largo de los años he publicado otras guías de estudio y otros manuales sobre la crianza de hijos, a fin de proporcionar ayuda práctica sobre asuntos de la familia. Los padres han leído con avidez esos recursos y han pedido más.

Mientras tanto, en la iglesia que llevo pastoreando cincuenta años, las personas que acababan de entrar al grupo de jóvenes cuando yo llegué se han convertido ahora en abuelos. Al igual que sus propios padres y abuelos, ellos quieren ver que cada generación sucesiva de sus familias sea capaz de resistir las poderosas tendencias culturales que erosionan constantemente lo que queda del compromiso de nuestra sociedad para con la familia. Así que me han convencido de que vuelva a escribir enfocándome en el tema de la familia desde una perspectiva bíblica, esta vez en un sencillo manual que comunique lo esencial de lo que la Biblia enseña sobre la más fundamental de todas las instituciones terrenales.

Según la Biblia, Dios mismo estableció la familia como el elemento fundamental básico de la sociedad humana, porque consideró que "no es bueno que el hombre esté solo" (Gn. 2:18). Ese versículo se destaca claramente en la narración bíblica de la creación, porque cuando la Biblia describe los días sucesivos de la

---

3. John MacArthur, *Cómo ser padres cristianos exitosos* (Grand Rapids: Portavoz, 2000).

semana de la creación, el texto acentúa cada etapa de la creación con las palabras "vio Dios que... era *bueno*" (Gn. 1:4, 10, 12, 18, 21, 25). La bondad de la creación emerge en el inicio como el tema principal de Génesis 1, y la declaración "vio Dios que... era bueno" se repite vez tras vez, como el estribillo después de cada estrofa de una canción. Entonces, tras el sexto día de creación, finalmente se nos dice con atención especial: "Vio Dios *todo* lo que había hecho, y he aquí que era *bueno en gran manera*" (v. 31).

Dios mismo estableció la familia como el elemento fundamental básico de la sociedad humana.

Pero luego Génesis 2:18 nos lleva otra vez al final del día seis y revela que justo antes de que Dios terminara su obra creativa, solo quedaba algo que "*no* era bueno". Todo aspecto del universo entero estaba concluido. Toda galaxia, toda estrella, todo planeta, toda roca, todo grano de arena, y toda molécula diminuta estaban en su lugar. Dios había creado todas las especies de seres vivos. Adán ya había puesto "nombre a toda bestia y ave de los cielos y a todo ganado del campo" (v. 20). Pero permanecía un notorio aspecto sin acabar en la creación: "Para

Adán no se halló ayuda idónea" (v. 20). Adán estaba solo, y necesitado de una compañía idónea. Por eso el acto final de la creación de Dios en el día seis, el paso perfecto que hizo que todo en el universo fuera *perfecto*, lo logró al formar a Eva de la costilla de Adán. Luego "la trajo al hombre" (v. 22).

Mediante ese hecho Dios estableció la familia para todos los tiempos. La narración de Génesis declara: "Por tanto, dejará el hombre a su padre y a su madre, y se unirá a su mujer, y serán una sola carne" (v. 24). Jesús citó ese versículo en Mateo 19:5 para resaltar la santidad y la permanencia del matrimonio como institución. Un ministro cita ese mismo versículo prácticamente cada vez que une a dos creyentes en una ceremonia de matrimonio cristiano. Es un recordatorio de que Dios ordenó el matrimonio y la familia, y por consiguiente son sagrados delante de Él.

Por tanto, no es un simple accidente de la historia que las relaciones familiares hayan sido siempre el núcleo mismo de toda la civilización humana. Según las Escrituras, esa es precisamente la forma en que Dios diseñó a la familia. Y por consiguiente, si la familia se desmorona como institución, toda la civilización *finalmente* se desmoronará junto con ella.

En las últimas generaciones hemos sido testigos de ese proceso destructivo. Pareciera que la sociedad secular contemporánea ha declarado la guerra a la familia. Las relaciones sexuales ocasionales son algo esperado. El divorcio es epidémico. El matrimonio mismo está en declive, ya que multitudes de hombres y mujeres han decidido que es preferible vivir juntos sin hacer un pacto o constituir formalmente una familia. El aborto es una plaga mundial. La delincuencia juvenil está desenfrenada, y muchos padres han abandonado deliberadamente sus papeles de autoridad en la familia. Por otro lado, el maltrato infantil en muchas formas aumenta. Las filosofías modernas y postmodernas han atacado los papeles tradicionales del hombre y la mujer dentro de la familia. Grupos de intereses especiales y hasta agencias gubernamentales parecen empeñarse en la disolución de la familia tradicional, abogando por la normalización de la homosexualidad, el "matrimonio" del mismo sexo, y (en algunas culturas hoy día) programas de esterilización. El divorcio se ha simplificado, la legislación penal sanciona el matrimonio, y el bienestar gubernamental premia el parto fuera del matrimonio. Todas estas tendencias (y muchas más como esas) son ataques directos a la santidad de la familia.

Si la familia se desmorona como institución, toda la civilización finalmente se desmoronará junto con ella.

Hoy día, cuando se representa a las familias en películas, teleseries y telecomedias, casi siempre se caricaturizan como muy disfuncionales. Alguien señaló recientemente que la única "familia" de televisión que con regularidad asiste junta a la iglesia son los Simpson, y aparecen como dibujos animados deliberadamente exagerados y cargados con las peores características imaginables, y diseñados principalmente para difamar y burlarse tanto de la iglesia como de la familia. Aun cuando parece broma, no lo es. Un desfile incesante de variedades similares de personas disfuncionales nos ataca en la televisión y el cine. Hollywood ha dado un sentido nuevo y amplio a la palabra *familia*.

Mientras tanto, los núcleos familiares tradicionales con un padre fuerte y confiable, y una madre cuyas prioridades están en el hogar, han sido desterrados de la cultura popular, haciéndolos parecer como si *fueran* caricaturas.

Aunque durante décadas muchos líderes cristianos han expresado con pasión sus inquietudes acerca de la disolución de la familia, la situación ha empeorado continuamente, no mejorado, en la sociedad en general. Comentaristas sociales seculares han comenzado a afirmar últimamente que el núcleo familiar tradicional ya ni siquiera es "realista". Un artículo publicado no hace mucho por la revista en línea *Salon* declaró: "La familia estadounidense 'ideal' (un padre y una madre unidos por el matrimonio legal, y que crían hijos ligados a ellos por la biología) es una reliquia obstinada, un símbolo nacional que aún no se ha retirado como algo fuera de lo común e irreal".[4] El núcleo familiar simplemente no funciona en la sociedad del siglo XXI, según muchos de estos supuestos "expertos".

Las filosofías modernas y postmodernas han atacado los papeles tradicionales del hombre y la mujer dentro de la familia.

Sin embargo, yo *sé* que tales voces están equivocadas porque he presenciado literalmente a miles de padres en nuestra iglesia que han puesto en práctica lo que la Biblia enseña en cuanto a la familia, por lo cual ellos y sus familias han resultado bendecidos en gran manera.

A medida que la sociedad continúa sus intentos enloquecidos de eliminar la familia, razón por la cual nuestra cultura se deshace cada vez más, hoy día es más importante que nunca que los cristianos

4. Amy Benfer, "The Nuclear Family Takes a Hit", *Salon.com.*, 7 de junio de 2001.

comprendan lo que la Biblia enseña sobre la familia, y lo pongan en práctica en sus hogares. Es muy posible que el ejemplo que demos delante del mundo a través de hogares fuertes y familias sanas a la larga sea una de las pruebas más poderosas, atractivas y vivas de que cuando la Biblia habla lo hace con la autoridad del Dios que nos creó, y cuyo diseño para la familia es perfecto.

Lo que la Biblia enseña acerca de la familia es simple y directo, y se delinea claramente en unos pocos versículos en Efesios 5—6. Así que un estudio de ese pasaje será la base de este libro.

Casi cada vez que he hablado o escrito sobre la familia me he sentido atraído por Efesios 5:22—6:4, que es el pasaje bíblico fundamental sobre el tema. Trata con cada relación clave en el hogar. Fija cuidadosamente las dinámicas básicas de la familia como Dios diseñó que fuera. Y por medio de la pluma del apóstol Pablo, el Espíritu Santo nos ofrece un maravilloso compendio de las normas divinas más importantes para manejar la vida y las relaciones dentro de cualquier grupo familiar. Es un pasaje bastante corto, pero está enriquecido con la verdad simple y muestra cómo tener una familia espiritualmente realizada y gratificante. Así que dejemos que ese breve pasaje sea nuestra guía básica mientras vemos lo que la Palabra de Dios dice respecto a este tema vital.

LA FAMILIA

El discurso del apóstol Pablo en Efesios 5 sobre el matrimonio y la familia viene después de una larga sección en que instruye a los cristianos sobre cómo caminar en el camino de la fe. Él declara que los creyentes en Cristo no deben andar como los incrédulos (Ef. 4:17).

Pablo usa el lenguaje de cambiar de ropa para describir la transformación que anhela ver en los efesios: "En cuanto a la pasada manera de vivir, despojaos del viejo hombre, que está viciado conforme a los deseos engañosos, y renovaos en el espíritu de vuestra mente, y vestíos del nuevo hombre, creado según Dios en la justicia y santidad de la verdad" (vv. 22-24).

El apóstol enumera varios pecados específicos que caracterizan una vida de incredulidad: mentira (v. 25), ira (v. 26), hurto (v. 28), palabras corrompidas (v. 29), y varias actitudes erróneas (v. 31). Insta a los efesios a hacer a un lado tales cosas y reemplazarlas con bondad, compasión y amor. Luego, al principio de Efesios 5, Pablo resume lo que estaba diciendo con estas palabras: "Sed, pues, imitadores de Dios como hijos amados. Y andad en amor, como también Cristo nos amó, y se entregó a sí mismo por nosotros, ofrenda y sacrificio a Dios en olor fragante" (vv. 1-2).

1

EL PRIMER PRINCIPIO PARA LA ARMONÍA FAMILIAR:

SUMISIÓN MUTUA

Es vital entender que en Efesios 5 Pablo escribió sus instrucciones sobre el matrimonio para los cristianos. Dirigió toda la epístola a una iglesia. Los cuatro primeros capítulos tratan con la posición del cristiano en Cristo, y todo lo que Pablo dijo a padres, madres e hijos presupone que estaba hablando a creyentes. Si no eres cristiano no hay esperanza alguna de que puedas hacer de tu matrimonio y tu familia todo lo que Dios quiso que fueran, a menos que primero reconozcas tu necesidad de Cristo y confíes en Él como Señor y Salvador.

Obviamente, hay familias no cristianas que *parecen* tener éxito hasta cierto punto. Pueden tener hogares ordenados, con hijos bien educados y relaciones cercanas y duraderas entre los miembros. Pero dondequiera que Cristo no sea reconocido como Señor de la familia están presentes las semillas del colapso final. Tal familia no tiene verdadera estabilidad *espiritual* (especialmente en una sociedad en que la familia ya está bajo asedio) y, por tanto, está jugando con el desastre. Si aplicamos las imágenes de Mateo 7:26-27, dicha familia es como una impresionante estructura construida sobre arena. Cuando la inundación llega, es grande su ruina.

Después de todo, ya que Dios exige que se le adore de todo corazón (Dt. 6:5), y que es Él quien creó la humanidad, instituyó el matrimonio y diseñó la familia, es una locura creer que nuestras familias pueden ser lo que Dios quiere que sean si no le damos el primer lugar. La Biblia declara además: "Todo aquel que niega al Hijo, tampoco tiene al Padre. El que confiesa al Hijo, tiene también al Padre" (1 Jn. 2:23). Jesús mismo afirmó: "Yo soy el camino, y la verdad, y la vida; nadie viene al Padre, sino por mí" (Jn. 14:6). Y 2 Juan 9 expresa: "Cualquiera que… no persevera en la doctrina de Cristo, no tiene a Dios". Por eso la familia sin Cristo no tiene fundamento espiritual firme.

Además, aparte del conocimiento del Señor Jesucristo no tenemos motivación para la justicia, ninguna restricción del mal, y ninguna capacidad real para obedecer de corazón lo que Dios ordena para nuestras familias. Este es entonces el fundamento esencial: Cristo debe ser lo primero en nuestros corazones y nuestras familias.

La familia sin Cristo no tiene fundamento espiritual firme.

A propósito, recuerda lo que Jesús reveló: "El que ama a padre o madre más que a mí, no es digno de mí; el que ama a hijo o hija más que a mí, no es digno de mí" (Mt. 10:37). Así que Él *exige* ser lo primero en la familia. Solo cuando lo amamos más que a la familia es que podemos amar realmente a los nuestros en el sentido más exaltado y puro.

Si no eres creyente debes reconocer tu necesidad del Salvador, confesar que has pecado contra Dios, arrepentirte e invocar al Señor Jesucristo para salvación. Las Escrituras enuncian: "Todo aquel que invocare el nombre del Señor, será salvo" (Ro. 10:13).

EL PODER DIVINO PARA LA OBEDIENCIA

Desde luego, muchos cristianos que conocen y aman al Señor Jesucristo no viven de manera coherente según los principios divinos para la familia. ¿Por qué? Porque no están llenos del Espíritu. Ese es el problema del que Pablo habla en los primeros veintiún versículos de Efesios 5.

La primera mitad del capítulo habla de cómo los cristianos deben andar. El versículo 2 pide *andar en amor.* A continuación reprende todo tipo de amor falso: fornicación, que es una corrupción del amor marital; impureza, que es un amor ilícito del mal; y avaricia, o amor al dinero y las cosas materiales (v. 3). Pablo también denunció el amor a las compañías mundanas amonestando a los efesios contra palabras deshonestas, necedades y truhanerías (v. 4) y advirtió que tales corrupciones mundanas del amor provocan la ira santa de Dios (v. 6).

Por tanto, Pablo dice en los versículos 8-14 que debemos *andar en la luz.* Ordenó a los creyentes a caminar "en toda bondad, justicia y verdad" (v. 9) y a no participar "en las obras infructuosas de las tinieblas" (v. 11). En otras palabras, este es un llamado a la vida santa y al pensamiento recto. A permanecer en la luz de la verdad. A caminar donde el sendero está bien iluminado y resplandeciente.

Luego en los versículos 15-17 pide *andar en sabiduría.* Ser diligentes (v. 15). Reconocer los peligros peculiares de los tiempos en que vivimos, y dedicarnos con sensatez a entender la voluntad de Dios (vv. 16-17).

Todas esas ideas se resumen y resaltan perfectamente por el principio simple de los versículos 18-21: *andar en el Espíritu*. En otras palabras, deja que el Espíritu de Dios te controle y dirija en cada paso. Una cosa es ser creyente y, por consiguiente, poseer el Espíritu de Dios, y otra es ser poseído por Él para que controle cada aspecto de nuestro caminar. Así afirmó Pablo en Gálatas 5:25: "Si vivimos por el Espíritu, andemos también por el Espíritu".

Pablo hace aquí en Efesios 5 un paralelismo negativo entre ser llenos del Espíritu y estar llenos de vino. "No os embriaguéis con vino, en lo cual hay disolución; antes bien sed llenos del Espíritu" (v. 18). El apóstol no sugiere que podemos poseer el Espíritu en varias medidas. El Espíritu Santo es una persona indivisible (una de las personas divinas de la Trinidad, lo cual significa que Él mismo es Dios) y habita en alguien o no lo hace. Nadie tiene el Espíritu de Dios en medida parcial. Pero ser "*llenos* del Espíritu" es estar *controlados* por el Espíritu.

Ser lleno del Espíritu es sencillamente estar controlado por Él para que su poder te domine en una forma positiva.

El contraste que hace Pablo prueba lo que dice. Embriagarte con vino significa tener tus facultades controladas por el alcohol, o entregarte a su influencia para que el vino te gobierne en una manera negativa. Ser lleno del Espíritu es sencillamente estar controlado por Él para que su poder te domine en una forma positiva.

Es decir, el Espíritu de Dios es quien nos faculta para vivir en obediencia a Dios. Es más, Él es la *única* fuente de poder que nos permite estar sujetos a la ley de Dios. Sin su poder no podemos ni siquiera empezar a agradarle u obedecerle de veras con motivos puros o con corazón sincero. En Romanos 8:7-8 Pablo advirtió expresamente eso: "Los designios de la carne son enemistad contra Dios; porque no se sujetan a la ley de Dios, ni tampoco pueden; y los que viven según la carne no pueden agradar a Dios".

Por el contrario, quienes andan en el Espíritu y están controlados por Él llevan el fruto múltiple del Espíritu: "Amor, gozo, paz, paciencia, benignidad, bondad, fe, mansedumbre, templanza" (Gá. 5:22-23). Por supuesto, esas cualidades se entienden como una receta para relaciones sanas, y en especial para una familia saludable. Por eso no es de extrañar que Pablo pase inmediatamente de la idea de ser lleno del Espíritu a una amplia exposición de cómo debe funcionar la familia.

Pero observa cómo se lleva a cabo la transición de un tema al otro. Pablo describe primero la vida llena del Espíritu en estos términos: "Sed llenos del

Espíritu, hablando entre vosotros con salmos, con himnos y cánticos espirituales, cantando y alabando al Señor en vuestros corazones; dando siempre gracias por todo al Dios y Padre, en el nombre de nuestro Señor Jesucristo. Someteos unos a otros en el temor de Dios" (Ef. 5:18-21). En otras palabras, la *sumisión* es el principio singular que resume el carácter de una persona realmente llena del Espíritu. Es la clave y el toque final de la obra del Espíritu en nuestros corazones.

La sumisión es, pues, el tema con el que empezó el apóstol Pablo su mensaje acerca de la familia.

GRACIA PARA LA HUMILDAD

Con frecuencia las Escrituras llaman a los cristianos a ser personas humildes y sumisas. Aquí Pablo sugiere que la vida llena del Espíritu no es una lucha por la cima sino una batalla por el fondo. Eso es exactamente lo que Jesús también enseñó: "Si alguno quiere ser el primero, será el postrero de todos, y el servidor de todos" (Mr. 9:35). "Cualquiera que se enaltece, será humillado; y el que se humilla será enaltecido" (Lc. 18:14).

Entonces, en una comunidad de creyentes el principio de la sumisión gobierna toda relación. Cada individuo se somete a todos los demás. Esa es la misma situación que Pablo describe en Efesios 5:21:

"Someteos unos a otros en el temor de Dios". Pedro dijo lo mismo en 1 Pedro 5:5-6:

> Estad sujetos a los ancianos; y todos, sumisos unos a otros, revestíos de humildad; porque: Dios resiste a los soberbios, y da gracia a los humildes. Humillaos, pues, bajo la poderosa mano de Dios, para que él os exalte cuando fuere tiempo.

La palabra griega traducida "sumisos" es *jupotásso* (de dos vocablos: *jupo*, "bajo", y *tásso*, "alinear, ordenar, arreglar"). Habla de ponerse por debajo de los demás. Como cristianos, esta es la mentalidad que debería gobernar *todas* nuestras relaciones: "Con humildad, estimando cada uno a los demás como superiores a él mismo; no mirando cada uno por lo suyo propio, sino cada cual también por lo de los otros" (Fil. 2:3-4).

En una comunidad de creyentes el principio de la sumisión gobierna toda relación.

Después de todo, ese fue el ejemplo que nos dio nuestro Señor, quien se negó a considerar su igualdad con Dios como algo a qué aferrarse. Bajó del cielo a este mundo sin pretensiones de reputación, viniendo a la tierra en forma de un humano humilde —como un siervo— sometiéndose incluso a una muerte vergonzosa en la cruz a favor de otros (Fil. 2:5-8). Al hacer eso nos dio un ejemplo de cómo debemos proceder (1 P. 2:21).

Es por eso que debemos ser sumisos en todas nuestras relaciones con los demás. Esa es la esencia del carácter verdaderamente semejante al de Cristo, y también es el principio más importante que gobierna todas las relaciones personales para todos los cristianos. Se supone que los cristianos se someten unos a otros.

No malinterpretes ni apliques mal ese principio, pues no elimina la necesidad de liderazgo o el principio de autoridad. Sin duda tampoco elimina las posiciones oficiales de supervisión en instituciones estructuradas. En la iglesia, por ejemplo, los pastores y ancianos cumplen un papel de liderazgo diseñado por Dios, y la Biblia da instrucciones a los miembros de la iglesia de someterse al liderazgo espiritual de los ancianos en la vida y el contexto de la iglesia (He. 13:17). De igual modo, dentro de la familia los padres tienen el deber claro dado por Dios de ejercer autoridad y ofrecer guía e instrucción a sus hijos, y estos tienen el deber recíproco de honrar y obedecer a sus padres (Éx. 20:12; Pr. 1:8).

Es más, las Escrituras claramente enseñan que

"no hay autoridad sino de parte de Dios, y las que hay, por Dios han sido establecidas. De modo que quien se opone a la autoridad, a lo establecido por Dios resiste; y los que resisten, acarrean condenación para sí mismos" (Ro. 13:1-2). De modo que el principio de sumisión mutua no pretende ser una prescripción para el igualitarismo absoluto. Sin duda no significa que nadie deba estar a cargo de la iglesia, del gobierno, o de la familia.

El sentido común afirma la necesidad de estructuras de autoridad en la sociedad humana. Desde luego, la más grande de todas las estructuras sociales es una nación. Todo estado legítimo *debe* tener un gobierno. Ninguna nación podría funcionar sin autoridad. Dios mismo diseñó que la sociedad funcionara bajo gobiernos. Por eso es que tanto Romanos 13 como 1 Pedro 2:13-17 nos recuerdan que Dios ordenó la autoridad gubernamental. Los monarcas, reyes, gobernadores, soldados, policías y jueces son todos necesarios "para castigo de los malhechores y alabanza de los que hacen bien" (1 P. 2:14). Sin ellos habría anarquía, y ninguna sociedad puede sobrevivir en anarquía.

Del mismo modo, incluso en la familia, la más pequeña de las instituciones humanas, se aplica el mismo principio. Una familia no puede sobrevivir en anarquía. Alguien debe ser responsable de la disciplina, la dirección, y el liderazgo espiritual. La

Biblia también reconoce esto, como veremos cuando profundicemos en Efesios 5 y 6.

El sentido común afirma la necesidad de estructuras de autoridad en la sociedad humana.

No obstante, cuando se trata de relaciones interpersonales dentro de tales instituciones, el principio de sumisión mutua debe regir el modo en que cada uno de nosotros trata a los demás. Hasta la persona en posición de autoridad debe ser como Cristo en su trato con todos los demás, lo cual por supuesto significa incluso estimar a los demás como superiores a sí mismo. Una vez más, Cristo mismo es el modelo de cómo es ese tipo de liderazgo, "porque el Hijo del Hombre no vino para ser servido, sino para servir, y para dar su vida en rescate por muchos" (Mr. 10:45).

La sumisión mutua es entonces el principio que Efesios 5:21 explica: "Someteos unos a otros en el temor de Dios". A fin de ilustrar y explicar más cómo se supone que funciona el principio de sumisión en el marco de las instituciones en que Dios ha ordenado autoridades para liderar, Pablo se volvió a la más fundamental de todas las instituciones humanas, la familia.

Él *pudo* haber ilustrado la autoridad y sumisión explicando cómo se aplica el principio al gobierno humano. Es más, Pablo hizo eso mismo en Romanos 13, y Pedro lo hizo en 1 Pedro 2:13-16. También pudo haber explicado el principio de sumisión mostrando cómo funciona en el contexto de la iglesia, y lo hizo en 1 Timoteo 2 y 3. Pero aquí el tema de Pablo era *la sumisión mutua*, por lo que usó la familia, la más pequeña y más íntima de todas las instituciones humanas, para demostrar cómo se supone que la sumisión mutua obra en un nivel personal e individual, sin eliminar la necesidad de la autoridad ordenada por Dios que gobierna toda institución humana.

UNA BUENA REGLA GENERAL PARA LA FAMILIA

Es obvio que el apóstol Pablo nunca imaginó por un instante que el principio de sumisión mutua eliminaría la misma idea de autoridad, porque al describir los diversos papeles en la familia dejó muy en claro que el esposo es la cabeza del hogar y que los padres tienen un papel apropiado y absolutamente esencial de autoridad sobre los hijos.

Sin embargo, es esencial observar que Pablo empezó con el principio de sumisión mutua. Ese fue su tema, y fue el principio fundamental que yace por debajo de todo lo demás que dijo respecto a la familia. Si quisieras una sencilla regla general que hiciera más que cualquier otra cosa por asegurar la armonía y la salud en la familia, sería difícil pensar en algo más profundo o provechoso que el simple mandato que Pablo usó como trampolín en su amplia exposición de los papeles en la familia: "[Someterse] unos a otros en el temor de Dios".

A menudo las esposas han sufrido las consecuencias de Efesios 5, como si este pasaje tratara con la subordinación de la esposa y el dominio del esposo en el hogar. He oído de más de un hogar en el que un esposo extremista y autoritario ha mantenido constantemente el versículo 22 ("Las casadas estén sujetas a sus propios maridos") sobre la cabeza de la esposa. También podrían tallar el versículo en un bate de béisbol y colgarlo sobre el fregadero de la cocina.

La orden de someterse no solo es para las esposas sino también para los esposos.

Pero esa clase de actitud es una violación de todo el espíritu del pasaje. Es interesante observar que en el texto griego la palabra para "sujetas" ni siquiera aparece en el versículo 22. La idea sin duda está implícita, pero la expresión griega es sobreentendida, omite la palabra *sumisión* y confía en la fuerza del versículo 21 para clarificar el significado. En otras palabras, una traducción literal de los versículos 21-22 diría algo así: "Sométanse unos a otros en el temor de Dios. Las casadas a sus propios maridos, como al Señor".

Así que ten en cuenta que el énfasis de Pablo está ante todo en la *reciprocidad* de la sumisión. Todos en la iglesia deben someterse a todos los demás. La orden de someterse no solo es para las esposas sino también para los esposos. Y los versículos 22-24 simplemente explican *cómo* las esposas deben someterse a sus maridos: con la misma clase de respeto y devoción que le deben a Cristo.

Pero si esa es la orden que la Biblia da a las esposas, ¿significa *realmente* el principio de la sumisión mutua que el esposo también debe someterse a la esposa? Sin duda así es. Pablo sigue diciendo en los versículos 25-29 que el esposo debe a la esposa el mismo tipo de amor y devoción que Cristo mostró por la Iglesia: "Así como Cristo amó a la iglesia, y se entregó a sí mismo por ella" (v. 25). No existe acto más grande de sumisión que morir por alguien, y eso es precisamente lo que Cristo hizo por la Iglesia. Ya que a los esposos se les ordena amar a sus esposas del modo en que Cristo amó a la Iglesia, esto requiere el sacrificio máximo de sumisión y servicio a favor de la esposa.

Eso, desde luego, no quiere decir que el esposo deba renunciar a la autoridad y al papel de liderazgo ordenados por Dios en el hogar. *Sí* significa que el modo de ejercer su liderazgo no es mandar despóticamente sobre su esposa y familia, sino servirles y sacrificarse por ellos con humildad como la de Cristo. El marido debe apoyar a la esposa, ayudándole a llevar las cargas y aliviarle las preocupaciones, aunque esto signifique sacrificar sus propios deseos para satisfacer las necesidades de ella. Se trata de una clase diferente de sumisión, no de sumisión a la autoridad propiamente dicha sino a una disposición amorosa de sacrificarse por la esposa, servirle, y buscar el bien de *ella*. En otras palabras, el propósito principal del esposo piadoso debe ser complacer a su esposa en lugar de hacer simplemente su propia voluntad y exigir obediencia.

El propósito principal del esposo piadoso debe ser complacer a su esposa en lugar de hacer simplemente su propia voluntad y exigir obediencia.

Pablo también sugiere que incluso hay un sentido verdadero en que el padre piadoso debe someterse a sus propios hijos. Nuevamente, el padre debe hacer esto, no renunciando a su autoridad paternal, sino más bien a través de servicio sacrificial y desinteresado prestado a sus hijos. En otras palabras, modela su liderazgo según el ejemplo de Cristo, cuya mansedumbre predijeron los profetas:

> No contenderá, ni voceará, ni nadie oirá en las calles su voz. La caña cascada no quebrará, y el pábilo que humea no apagará, hasta que saque a victoria el juicio (Mt. 12:19-20).

He aquí cómo Pablo dijo que un padre debe mostrar sumisión a sus propios hijos: "Padres, no provoquéis a ira a vuestros hijos, sino criadlos en disciplina y amonestación del Señor" (Ef. 6:4).

Por supuesto, Pablo también ordenó a los hijos obedecer a sus padres, y a los siervos obedecer a sus amos. Pero nunca imaginó la sumisión como una calle de una sola vía. Al igual que los padres, los amos también deben mostrar respeto y bondad hacia sus siervos (6:9).

En resumen, todos en el hogar tienen el deber de someterse en algún momento y en alguna forma específica a todos los demás. Así es, las esposas deben someterse al liderazgo de sus esposos. Pero estos también deben inclinarse ante las necesidades de sus esposas. Ciertamente los hijos deben obedecer a sus padres; pero los padres también tienen el deber de servir y sacrificarse por sus hijos. Desde luego que los siervos deben someterse a la autoridad de sus amos; pero a los amos también se les ordena tratar a sus siervos con dignidad y respeto, considerando hasta al siervo más humilde mejor que ellos mismos.

En otras palabras, Pablo ordena a cada cristiano ser ejemplo de sumisión y servicio a todos los demás. Ese sencillo principio es la clave de la armonía y felicidad en el hogar. Los hombres autoritarios que tratan de usar Efesios 5 como un garrote para mantener a sus esposas en una especie de sumisión servil, no han captado el propósito del pasaje. Aunque Dios te ha dado una posición de liderazgo, tienes el deber de someterte y asumir el papel de siervo, porque eso es exactamente lo que Cristo hizo por nosotros.

Pablo ordena a cada cristiano ser ejemplo de sumisión y servicio a todos los demás. Ese sencillo principio es la clave de la armonía y felicidad en el hogar.

Nuestro Señor fue muy claro en su enseñanza sobre este tema. Mateo 20:25-27 relata cómo Jesús reunió a los discípulos y les enseñó esta misma lección:

> Sabéis que los gobernantes de las naciones se enseñorean de ellas, y los que son grandes ejercen

> sobre ellas potestad. Mas entre vosotros no será así, sino que el que quiera hacerse grande entre vosotros será vuestro servidor, y el que quiera ser el primero entre vosotros será vuestro siervo.

UNA PERSPECTIVA ÚTIL PARA LAS PAREJAS CASADAS

El matrimonio mismo se basa en el principio de reciprocidad. No creas ni por un instante que la tarea de dirección dada por Dios al esposo relega a la esposa a un puesto secundario o destruye la unidad esencial de la relación matrimonial. El matrimonio es una sociedad, no un feudo privado para esposos dominantes. Esa verdad está entretejida en todo lo que la Biblia enseña acerca de los principios del matrimonio y la dirección del esposo.

En primer lugar, las Escrituras dejan perfectamente en claro que hombres y mujeres poseen igualdad espiritual ante los ojos de Dios. Tienen igual posición en Cristo e iguales privilegios espirituales, porque todos estamos unidos a Él en la misma forma. Gálatas 3:28 explica: "Ya no hay judío ni griego; no hay esclavo ni libre; no hay varón ni mujer; porque todos vosotros sois uno en Cristo Jesús". No existe ciudadanía espiritual de segunda clase. En Cristo y delante de Dios solo hay unidad. Somos iguales. Los hombres no son espiritualmente superiores a las mujeres.

No obstante, es obvio (y perfectamente obvio) que tanto las Escrituras como la naturaleza asignan papeles y funciones diferentes al hombre y a la mujer. La Biblia es muy clara en asignar al marido el liderazgo en cada familia, no a la esposa (Ef. 5:23). Las responsabilidades de enseñar y guiar a la iglesia son dadas a los hombres, no a las mujeres (1 Ti. 2:12). Pero ellas están equipadas de forma única y exclusiva para dar a luz y criar a los niños pequeños, y el cumplimiento de ese rol asegura que nunca podrán ser relegadas a una posición de segunda clase. (Creo que esto es precisamente lo que 1 Ti. 2:15 significa). Por regla general los hombres son físicamente más fuertes (1 P. 3:7 se refiere a la esposa como "vaso más frágil"), por tanto son responsables de llevar el peso y la labor más fuerte a fin de proveer para la familia y protegerla. Las Escrituras enseñan que Dios diseñó las diferencias físicas y las diferencias funcionales entre hombres y mujeres con un propósito, y por eso es que Dios distingue claramente los papeles y las responsabilidades de esposos y esposas.

Las Escrituras enseñan que Dios diseñó las diferencias físicas y las diferencias funcionales entre hombres y mujeres con un propósito.

Sin embargo, recuerda que aunque los *papeles* del hombre y la mujer son claramente distintos, su *posición espiritual* en Cristo es perfectamente igual. Incluso el lenguaje bíblico de que marido y mujer se convierten en una sola carne destaca la unidad esencial entre ellos de tal manera que excluye la noción misma de desigualdad.

Es más, la forma en que la Biblia describe el papel del esposo como cabeza de su esposa resalta la igualdad espiritual de hombres y mujeres. En 1 Corintios 11:3 Pablo escribió: "Quiero que sepáis que Cristo es la cabeza de todo varón, y el varón es la cabeza de la mujer, y Dios la cabeza de Cristo".

Nota varias verdades significativas que surgen de un solo versículo. Primera, Dios ha dado a cada esposo una responsabilidad clara de liderazgo espiritual, y los hombres no se atreven a renunciar a ese deber. El esposo, no la esposa, debe ser cabeza de la familia. Ese es el diseño de Dios. En todo hogar alguien debe tener en última instancia la responsabilidad de liderar, y la Biblia asigna inequívocamente ese deber a los hombres, no a las mujeres.

Segunda, el modelo del liderazgo del esposo es Cristo, cuya dirección implica no solo autoridad en liderazgo espiritual sino también deberes de cuidado, alimentación, protección y sacrificio personal. En las palabras de Efesios 5:28-29, "los maridos deben amar a sus mujeres como a sus mismos cuerpos.

El que ama a su mujer, a sí mismo se ama. Porque nadie aborreció jamás a su propia carne, sino que la sustenta y la cuida, como también Cristo a la iglesia". Ese texto echa por tierra cualquier idea de que la dirección del esposo lo hace en alguna manera superior a la esposa.

Pero en tercer lugar, fíjate en la declaración que viene al final de 1 Corintios 11:3: "Dios [es] la cabeza de Cristo". Es decir, incluso dentro de la Trinidad una persona es cabeza. Dios el Padre es cabeza sobre Cristo.

¿No son todas las personas de la Trinidad completamente Dios, y perfectamente iguales en esencia? Por supuesto. Jesús declaró: "Yo y el Padre uno somos" (Jn. 10:30), y "el que me ha visto a mí, ha visto al Padre" (Jn. 14:9). Cristo "es la imagen del Dios invisible" (Col. 1:15). "En él habita corporalmente toda la plenitud de la Deidad" (Col. 2:9). No hay desigualdad alguna entre las personas de la Trinidad.

En todo hogar alguien debe tener en última instancia la responsabilidad de liderar, y la Biblia asigna inequívocamente ese deber a los hombres, no a las mujeres.

No obstante, hay diferencias en función. El Hijo se somete voluntariamente a la dirección del Padre. El mismo Jesús que afirmó: "Toda potestad me es dada en el cielo y en la tierra" (Mt. 28:18), también aseveró: "Mi comida es que haga la voluntad del que me envió" (Jn. 4:34), "no busco mi voluntad, sino la voluntad del que me envió" (Jn. 5:30), y "he descendido del cielo, no para hacer mi voluntad, sino la voluntad del que me envió" (Jn. 6:38). En otras palabras, aunque Padre e Hijo son iguales en esencia e igualmente Dios, actúan en papeles diferentes. Por propio diseño de Dios, el Hijo se somete a la dirección del Padre. El papel del Hijo de ninguna manera es *menor*; tan solo *diferente*. Cristo en ningún sentido es inferior a su Padre, aunque voluntariamente se somete al liderazgo del Padre.

Lo mismo pasa en el matrimonio. La esposa en ninguna forma es inferior al marido, aunque Dios ha asignado a esposos y esposas diferentes funciones. Los dos son una sola carne. Son absolutamente iguales en esencia. Aunque la mujer asuma el lugar de sumisión ante el liderazgo del hombre, Dios le ordena a este que reconozca la igualdad esencial de su esposa y la ame como a su propio cuerpo.

Todo esto ilustra maravillosamente el principio de sumisión mutua. Y se ilustra con más detalles en lo que la Biblia enseña acerca de la unión física de esposo y esposa. En 1 Corintios 7:3 Pablo escribió:

"El marido cumpla con la mujer el deber conyugal, y asimismo la mujer con el marido". El apóstol reconoció claramente que cada miembro de la unión matrimonial tiene un deber hacia el otro, y les ordenó a ambos cumplir ese deber. Pero también declaró expresamente que cada uno tiene cierta clase de autoridad sobre el cuerpo del otro: "La mujer no tiene potestad sobre su propio cuerpo, sino el marido; ni tampoco tiene el marido potestad sobre su propio cuerpo, sino la mujer" (v. 4). Vemos una vez más que cada uno debe someterse al otro. Ese mismo principio de sumisión mutua está incorporado en cada aspecto de la relación marital, comenzando con la unión física.

Una vez más, nada de eso niega lo que la Biblia enseña sin rodeos respecto al liderazgo del esposo. Pero sí demuestra claramente que la dirección del hombre no es un tipo de dictadura en que el resto de la familia existe solo para cumplir su voluntad.

En otras palabras, las funciones ordenadas por Dios en la familia no tienen nada que ver con superioridad o inferioridad. Francamente muchas esposas son más inteligentes, más sabias, más educadas, más disciplinadas, o tienen mayor discernimiento que sus esposos. Aun así, Dios ha ordenado la familia para que el hombre sea la cabeza, porque la esposa es "vaso más frágil" (1 P. 3:7) y por eso el esposo debe brindarle sacrificio personal y protección. La esposa *no* queda así relegada a un papel inferior; es más bien heredera conjunta que participa de todas las riquezas mutuas del matrimonio.

Por sobre todo, el esposo como cabeza y la esposa como vaso más frágil deben practicar *sumisión mutua*, donde cada uno considera al otro superior (nunca inferior) a sí mismo. El principio de sumisión mutua también impregna tanto a la familia como a la Iglesia, de modo que en cierto sentido cada miembro de la familia, así como todos los cristianos, deben amarse "los unos a los otros con amor fraternal; en cuanto a honra, [prefiriéndose] los unos a los otros" (Ro. 12:10).

Ese es el punto básico de partida para todo lo que Pablo tenía que decir en cuanto a la familia. El resto de su enseñanza —en la cual describió los papeles distintivos de esposos, esposas e hijos— se establece por tanto en el contexto de esta importantísima lección sobre humildad llena del Espíritu. Entonces este precepto esencial exclusivo establece los principios básicos de sumisión mutua, igualdad espiritual, tierno sacrificio personal, humildad piadosa, y servicio amoroso. Estos son la clave para la armonía familiar, y todo lo que viene después es simplemente una explicación del ambiente familiar ideal, el fundamento para construir un hogar verdadero.

LA ESPOSA

Existe un hermoso equilibrio en la forma en que Dios ha diseñado el funcionamiento de la familia. Esposo y esposa son uno. Los hombres pueden tener el papel y la responsabilidad de la dirección espiritual, pero en muchas maneras la mujer tiene la influencia más poderosa y perdurable en las vidas de los miembros de la familia.

Si quieres una prueba vívida de esto, solo mira por televisión cualquier partido de fútbol americano. Observa que cuando la cámara enfoca en primer plano a algún jugador en la línea de banda después de una jugada fabulosa, inevitablemente exclama: "¡Hola, mamá!". Sucede todo el tiempo. Nunca he visto a alguien exclamar: "¡Hola, papá!". Esos tipos descomunales conocen la influencia de sus madres. Quizás sus padres sean los que les enseñaron a bloquear y atajar, pero fueron las mamás quienes les pusieron la mano al lado del corazón.

Dios no relegó simplemente a las mujeres a un papel insignificante de sobrevivencia; las diseñó para criar y alimentar hijos, de modo que las madres se hacen querer por los hijos e influyen en la familia en una forma que el padre no puede hacerlo.

Estoy convencido que eso es lo que 1 Timoteo 2:11-15 significa. Pablo prohíbe a las mujeres enseñar o tener autoridad sobre los hombres en la iglesia (v. 12). Sin embargo, reconoce el poder del papel que tienen en el hogar, diciendo: "Pero se salvará engendrando hijos, si permaneciere en fe, amor y santificación, con modestia" (v. 15). Obviamente él no pudo haber querido decir que el parto es el camino de salvación o redención espiritual del pecado para las mujeres. Eso violaría la clara verdad bíblica de que somos salvos por gracia solo por medio de la fe (Ef. 2:8-9). Lo que Pablo quiso decir es que las mujeres se salvan de la insignificancia y la frustración por su papel en el hogar y la familia. Dios les ha dado una influencia poderosa que equivale a la influencia del liderazgo del esposo y en muchas maneras la excede.

2

EL PAPEL DE LA ESPOSA:

SUMISIÓN, NO ESCLAVITUD

¿Cómo podemos someternos unos a otros en el contexto de una familia mientras reconocemos los roles ordenados por Dios de liderazgo y autoridad? Ese es el tema que Pablo examinó a continuación, empezando en Efesios 5:22. Recuerda que él trajo a colación la idea de la sumisión porque es lo que encarna el carácter de la persona que está realmente llena del Espíritu. Luego describió cómo la sumisión mutua debería funcionar en una familia.

Las instrucciones del apóstol para la vida familiar abarcan varios versículos, empezando con Efesios 5:22 y llegando al versículo 4 del capítulo 6. Por supuesto, él estaba escribiendo bajo la guía del

Espíritu Santo, por lo que esta no fue simplemente la opinión privada del apóstol (2 P. 1:20-21). Dios mismo inspiró las propias palabras del texto (2 Ti. 3:16). Pablo habló aquí a esposas, esposos, hijos y padres, en ese orden.

La recomendación a las esposas es simple, y solo abarca tres versículos: "Las casadas estén sujetas a sus propios maridos, como al Señor; porque el marido es cabeza de la mujer, así como Cristo es cabeza de la iglesia, la cual es su cuerpo, y él es su Salvador. Así que, como la iglesia está sujeta a Cristo, así también las casadas lo estén a sus maridos en todo" (Ef. 5:22-24).

Hay varias ideas clave en ese texto que vale la pena señalar de inmediato. Primera, como ya observamos en el capítulo anterior, la palabra traducida "sujetas" en realidad no aparece en el texto griego del versículo 22. Sin embargo, la idea resulta claramente implícita del mandato en el versículo 21, el cual instruye a todos los creyentes a someterse unos a otros. Recuerda que a las esposas no se les señala y consigna a un estado de segunda categoría. Hay un sentido en el cual *todos* en la iglesia deben someterse a todos los demás (véase también 1 P. 5:5). Efesios 5:22 empieza simplemente con una explicación práctica de cómo las *esposas* deben mostrar sumisión.

Segunda, observa que Pablo comenzó y terminó esta breve sección especificando *a quién* deben someterse las esposas: "A sus maridos" (v. 24). Las mujeres como grupo no están hechas para ser sirvientas de los hombres en general, y los hombres no están elevados automáticamente a una clase gobernante sobre todas las mujeres. Sin embargo, la Biblia llama a cada mujer a someterse en particular al liderazgo de su esposo. En otras palabras, la familia misma es el escenario principal en que una mujer piadosa debe cultivar y demostrar la actitud de humildad, servicio y sacrificio que se pide en el versículo 21.

Tercera, el mandato es general y amplio. No se limita a las esposas cuyos esposos están cumpliendo *su* función. No se dirige solo a esposas con hijos, esposas de líderes de iglesia, o incluso a esposas cuyos esposos son creyentes fieles. Es categórica e incondicional: *las casadas*. Cualquier mujer que calce en esta clasificación está obligada a obedecer el mandato de este versículo de someterse a su propio marido.

¿Qué exactamente requiere este mandato? Ya vimos en el capítulo anterior que la palabra griega para "sujetas" (*jupotásso*) significa "ponerse de bajo de". Transmite la idea de colocarse en un rango más bajo que el de otra persona. Esta es la misma idea de humildad, mansedumbre y pequeñez que se pide en Filipenses 2:3: "Estimando cada uno a los demás como superiores a él mismo". Esto de ningún modo sugiere alguna inferioridad esencial. Tampoco rebaja a la esposa a un estado de segunda categoría en el hogar o el matrimonio. Habla de clasificación funcional, no de inferioridad de esencia.

Observa también que la palabra *sujeción* no es *obediencia*; lo que requiere es devoción activa, deliberada, amorosa e inteligente a las aspiraciones y ambiciones nobles del esposo. *No* exige ceguera ciega, servil y tiranizada a todo capricho de él. La palabra griega para "obedecer" sería *jupakoúo*, y es la que Pablo exige a los hijos en 6:1 y a los esclavos en 6:5. Pero una esposa no es una niña ni una esclava que espera que su esposo se siente en un sillón a dictar órdenes ("¡Pásame el control remoto!". "¡Tráeme algo de beber!". "¡Prepárame algo de comer!". "¡Ve a buscar mis zapatillas!". "Ve a la tienda en mi lugar, ¿quieres?"). El matrimonio es una relación mucho más personal e íntima que eso. Es una unión, una sociedad, una devoción singular mutua, y esa verdad se resalta en las palabras "a *sus* maridos".

La Biblia llama a cada mujer a someterse en particular al liderazgo de su esposo.

La expresión misma sugiere asociación tierna y pertenencia mutua del uno al otro. ¿Por qué no respondería una esposa *voluntariamente* en sumisión a alguien que le pertenece? Pablo estaba señalando sutilmente lo razonable y conveniente de la sumisión de la esposa a su esposo.

Este es un papel que Dios mismo ordenó para las esposas. En Génesis 3:16, Dios le dijo a Eva: "Tu deseo será para tu marido, y él se enseñoreará de ti". Por una parte, el matrimonio es la unión perfecta de dos personas que se vuelven una sola carne (Gn. 2:24). Por otra parte, Dios ordenó claramente que el esposo sea cabeza en esa relación. Incluso la naturaleza parece afirmar el orden apropiado. Normalmente los hombres tienen la ventaja de mayor fortaleza física y emocional, mientras que las mujeres suelen tener fortaleza y carácter más tiernos, que las preparan para ser de apoyo y aliento… ayudas idóneas para sus maridos.

Encontramos un pasaje paralelo en Colosenses 3:18, donde Pablo también instruye a las esposas a someterse a sus esposos. Pero el apóstol añadió una frase breve que irradia luz sobre por qué este mandato es tan importante: "Casadas, estad sujetas a vuestros maridos, *como conviene en el Señor*". La palabra traducida "conviene" significa "apropiado, adecuado o correcto". Es una expresión comúnmente usada para algo que legal o moralmente es vinculante. Pablo parece estar indicando que la dirección del esposo y la sumisión de la esposa son una ley aceptada de prácticamente toda la sociedad humana.

(Ese ciertamente ha sido el caso en la mayoría de sociedades en la mayor parte de la historia humana, y era definitivamente más cierto en la época de Pablo). El apóstol estaba sugiriendo que esa dirección es "apropiada", y reconocida como tal a través de la historia de la cultura humana, *porque* es el orden divino. Es algo que "conviene en el Señor". Esta es una expresión muy fuerte sobre la propiedad del liderazgo del esposo.

Por supuesto, me doy cuenta de que el liderazgo del esposo y la sumisión de la esposa no son ideas populares en estos días. Incluso en algunos círculos cristianos hay movimientos que intentan derrocar el orden bíblico y sustituirlo por algo que políticamente es más correcto. El mundo quiere un enfoque más humanista e igualitario para la sociedad: igualdad artificial sin sexo ni clases. En lugar de rechazar esa filosofía y defender los principios bíblicos, muchos en la iglesia han caído presa de las mentiras de nuestra era.

Pero la Biblia es clara y coherente, y cada vez que habla del papel de la esposa, el énfasis es exactamente el mismo. No se trata de alguna opinión privada machista del apóstol Pablo, como algunos han sugerido. Tampoco es un principio poco claro o ambiguo que solo se sugiere vagamente en la Biblia. Todas las Escrituras que tocan el tema del papel de la esposa dicen esencialmente lo mismo.

1 PEDRO 3:1-2

El apóstol Pedro lo expresó así: "Mujeres, estad sujetas a vuestros maridos; para que también los que no creen a la palabra, sean ganados sin palabra por la conducta de sus esposas, considerando vuestra conducta casta y respetuosa" (1 P. 3:1-2).

Pedro empleó la misma palabra que Pablo usó para la forma verbal "estad sujetas" (*jupotásso*). También hizo el mismo énfasis en la pertenencia mutua ("a vuestros maridos"). Observa además que Pedro enfocó específicamente situaciones en que el esposo incluso no fuera creyente. Este es por tanto un pasaje clave de la Biblia que responde una pregunta que comúnmente escuchan los consejeros.

A menudo una mujer dice: "Mira, no conoces a mi esposo. Ni siquiera es cristiano; no obedece a Dios. ¿Cómo puedo someterme a tal individuo?". Pero esa clase de situación es precisamente con lo que trata este versículo: Pedro dijo que "aunque algunos no obedecen la Palabra", *sujétense de todos modos*. No hay excepción para las esposas que están casadas con esposos incrédulos. Es más, lejos de hacer a tales esposas una excepción a la regla, Pedro las usa como ejemplo de lo que la sumisión piadosa puede lograr en un matrimonio. Declaró que la sumisión de una esposa piadosa puede ser la mejor manera de ganar a un marido incrédulo.

Al ser sumisa, una esposa creyente puede tener una influencia más poderosa sobre su esposo incrédulo de lo que lograría con regaños y sermones. Pedro afirma que por la conducta, la mujer puede ganar al marido para Cristo "sin palabra" (v. 1). ¿Qué tipo de conducta? "Casta y respetuosa" (v. 2). Pureza de vida junto con profundo respeto (una clase de temor reverencial) por el esposo: así es como una esposa piadosa muestra sumisión.

Al ser sumisa, *una esposa creyente puede tener una influencia más poderosa sobre su esposo incrédulo de lo que lograría con regaños y sermones.*

Fíjate también en la consecuencia lógica: "Vuestro atavío no sea el externo de peinados ostentosos, de adornos de oro o de vestidos lujosos" (v. 3). Las palabras de Pedro no podrían ser más oportunas hoy día. Las mujeres modeladas por los valores de la sociedad contemporánea suelen estar obsesionadas con adornos externos. Pero no es allí donde deben enfocarse las prioridades de una mujer, afirmó Pedro. Pablo declaró algo parecido en 1 Timoteo 2:9-10: "Que las mujeres se atavíen de ropa decorosa, con pudor y modestia; no con peinado ostentoso, ni oro, ni perlas, ni vestidos costosos, sino con buenas obras, como corresponde a mujeres que profesan piedad".

No malinterpretes lo que esto significa. Los apóstoles no prohibieron totalmente las joyas, el cabello elegante, u otros adornos femeninos; tan solo estaban diciendo que algunas de esas cosas no son lo más importante. La forma en que se ve una mujer no es la medida de su belleza verdadera.

La Biblia no prohíbe a la mujeres que se adornen con joyas, maquillaje o ropa fina (véase también Gn. 24:22; Pr. 25:12; Cnt. 1:10; Ez. 16:11-13). Sin embargo, las Escrituras *sí* enseñan claramente que las mujeres no deberían preocuparse de adornos externos. La esposa que simplemente quiere llamar la atención de todos por el modo en que luce, en realidad muestra una falta de sumisión a su esposo.

Pedro enseñó que, en cambio, las mujeres antes que nada deben cultivar su belleza interior. Deberían preocuparse principalmente "del corazón, en el incorruptible ornato de un espíritu afable y apacible, que es de grande estima delante de Dios" (1 P. 3:4). ¡Es difícil imaginar algo que Pedro haya dicho que esté más fuera de sintonía con las nociones del siglo XXI de lo políticamente correcto! Estaba diciéndoles a las mujeres que deben ser amables, calladas y sumisas, no bulliciosas, alborotadas y agresivas. Deberían preocuparse de su carácter, y no de la moda del mundo. En otras palabras, el verdadero atractivo de una mujer piadosa, así como su verdadera fortaleza, es que apoye a su marido y se someta a él, y muestra esa sumisión por medio de mansedumbre y calma serena. Eso tal vez no funcione bien en una cultura feminista, pero es lo que dice la Biblia.

Pedro ciertamente no estaba enseñando que las mujeres deben seguir ciegamente todo lo que sus maridos dicen, como si no pudieran tener una opinión contraria o pensar por sí mismas. Pero sí estaba sugiriendo que una mujer piadosa debe tratar de "ganar" a su esposo por medios apacibles, amables y respetuosos, no rebelándose contra él o tratando de asumir el lugar de cabeza de la familia.

Las mujeres antes que nada deben cultivar su belleza interior

A propósito, observa que "el incorruptible ornato de un espíritu afable y apacible… es de grande estima *delante de Dios*". Cuando mira a una mujer, Él no se fija en el adorno externo de joyas, el peinado y el maquillaje; la belleza interna del carácter es lo valioso delante de Dios. Eso es lo que Él valora. Es lo que le complace. La mansedumbre y afabilidad tienen valor incalculable delante de Dios. Recuerda,

"Jehová no mira lo que mira el hombre; pues el hombre mira lo que está delante de sus ojos, pero Jehová mira el corazón" (1 S. 16:7).

Pedro expone luego todo esto en una perspectiva bíblica e histórica: "Así también se ataviaban en otro tiempo aquellas santas mujeres que esperaban en Dios, estando sujetas a sus maridos; como Sara obedecía a Abraham, llamándole señor; de la cual vosotras habéis venido a ser hijas, si hacéis el bien, sin temer ninguna amenaza" (1 P. 3:5-6). Pedro no estaba fijando una nueva regla. E independientemente de lo que las nociones modernas de lo políticamente correcto puedan sugerir, estos tampoco son principios anticuados. La santidad es lo que más ha preocupado a las mujeres piadosas (aquellas que han "confiado en Dios"). Están más interesadas en adornar su carácter que en decorar su apariencia externa.

El ejemplo que Pedro ofrece es Sara. Observa que ella "*obedecía* a Abraham, llamándole señor". "Señor" no es simplemente un término de función sino una expresión de profundo respeto que evidenciaba el espíritu afable y apacible de Sara.

Según Gálatas 3:7 y Romanos 4:11, Abraham es el padre espiritual de los fieles. Según 1 Pedro 3:6, Sara es también la madre de las sumisas, "de la cual vosotras habéis venido a ser hijas, si hacéis el bien, sin temer ninguna amenaza".

Algunas mujeres exponen: "Tengo miedo de someterme a mi esposo. Podría perder mis derechos. Me tratará a patadas". Lo que Pedro está diciendo es que las mujeres santas en los tiempos antiguos "esperaban en Dios" (v. 5), de modo que no tenían miedo de obedecerle. Si los esposos intentaban explotar esa sumisión, las esposas confiaban en que Dios trataría con el problema (véase también Ro. 12:19). Ellas sabían que Dios les honraría la obediencia, por lo que eran valientes en mostrar sumisión.

Nota la interesante relación entre el versículo 2 ("considerando vuestra casta conversación, que es en temor", RVA) y el 6 ("si hacéis el bien, sin temer ninguna amenaza").

Hay dos clases de temor. Uno (v. 2) es un respeto profundo y respetuoso que es perfectamente compatible con un espíritu afable y apacible. El otro (v. 6) es un temor que produce terror. La fe auténtica produce un tipo de temor y elimina el otro.

Así que según el apóstol Pedro, este es el carácter de una esposa piadosa: ella es sumisa, modesta, afable, apacible, respetuosa, confiada y casta en toda su conducta. Esa es una descripción completa de la belleza femenina incorruptible que es tan preciosa ante los ojos de Dios. Es una buena visión general y un buen punto de partida, pero la Biblia tiene aún más que decir acerca del papel de la esposa y madre piadosa.

TITO 2:3–5

Pasemos ahora a un pasaje diferente de las Escrituras que incluye una lista aún más detallada de los deberes de una esposa piadosa. Tito 2 empieza con la recomendación de Pablo a Tito acerca de "lo que está de acuerdo con la sana doctrina" (v. 1). Pero los aspectos que Pablo pasa a enumerar no son preceptos prohibicionistas, abstractos o académicos (que para mucha gente son "doctrina"). Al contrario, Pablo empieza con una lista de cosas intensamente prácticas que tratan con los diversos deberes de hombres mayores, mujeres mayores, mujeres jóvenes, y hombres jóvenes, en ese orden.

He aquí la sección que describe los deberes de las mujeres mayores y jóvenes:

> [Que] las ancianas asimismo sean reverentes en su porte; no calumniadoras, no esclavas del vino, maestras del bien; que enseñen a las mujeres jóvenes a amar a sus maridos y a sus hijos, a ser prudentes, castas, cuidadosas de su casa, buenas, sujetas a sus maridos, para que la palabra de Dios no sea blasfemada (vv. 3-5).

La expresión "las ancianas" se refiere a mujeres maduras, no necesariamente viejas, sino esposas y madres veteranas que ya tienen experiencia en criar familias y mantener una casa en orden. Los deberes que Pablo les da son sencillos y directos. Ellas deben ser mujeres de carácter santo ("reverentes en su porte; no calumniadoras, no esclavas del vino"). Además deben enseñar (siendo "maestras del bien").

¿A quiénes enseñan? "A las mujeres jóvenes". ¿Qué deben enseñar? Pablo enumera una serie de deberes simples para esposas. Esta sección de la epístola ofrece un hermoso modelo para mujeres que buscan un ministerio en que puedan dar el mejor uso a sus dones. Las mayores deben enseñar a las jóvenes las destrezas y disciplinas necesarias para tener hogares y matrimonios de éxito. Esposas y madres experimentadas encontrarán su mayor posibilidad ministerial enseñando a mujeres más jóvenes lo que deben saber para ser esposas, madres y amas de casa eficaces.

A propósito, fíjate que todas las prioridades bíblicas de la mujer se centran en la familia y el hogar: "amar a sus maridos y a sus hijos... ser prudentes, castas, cuidadosas de su casa, buenas, sujetas a sus maridos" (vv. 4-5). El punto de partida es el amor de la mujer por su esposo y sus hijos, el cual ella expresa mediante su virtud y sacrificio personal, principalmente en el propio ámbito familiar.

Aunque algunas traducciones del versículo 5 usan la palabra "obedientes", el término griego no es *jupakoúo* sino el mismo que encontramos en Efesios 5:22 y Colosenses 3:18, *jupotásso*, que significa "sujetas". Una vez más, observa también la idea de posesión mutua: "Sujetas a sus maridos". El lenguaje resalta la intimidad y reciprocidad del amor (y por tanto sacrificio personal) entre los miembros de una pareja casada. Pablo no estaba convirtiendo de ningún modo la sumisión de la esposa a su marido en una calle de una sola vía.

Las mayores deben enseñar a las jóvenes las destrezas y disciplinas necesarias para tener hogares y matrimonios de éxito.

Una expresión en Tito 2 merece mención especial: *cuidadosas de su casa*. La palabra griega es *oikourgous*, que literalmente significa "trabajadoras en casa". *Oikos* es la palabra griega para "casa", y *ergon* significa "obrero, empleado". Esto sugiere que el primer deber de una mujer casada es con su familia, en su casa. Administrar el hogar debería ser su principal trabajo, su primera tarea, su oficio más importante, y su carrera verdadera. Estoy convencido de que el Espíritu Santo quería que las creyentes aplicaran esto incluso en el siglo XXI.

Tenemos un grave problema en la sociedad contemporánea: no hay nadie en casa. Recientes estadísticas del Ministerio de Trabajo en los Estados Unidos muestran que casi dos tercios de madres estadounidenses con hijos menores de seis años trabajan fuera de casa. Como cincuenta millones de mamás están empleadas fuera de casa, y millones de niños en edad preescolar se crían en guarderías y no en casa.[5] Más y más madres han estado ingresando a la fuerza laboral desde principios de la década de los setenta. Y las consecuencias ya son evidentes en un amplio espectro de la sociedad. La salida de madres del hogar sin duda ha contribuido a la creciente ola de delincuencia juvenil, el aumento dramático en tasas de adulterio y divorcio, y una serie más de otros problemas relacionados con la desintegración de la familia.

Tenemos un grave problema en la sociedad contemporánea: no hay nadie en casa.

Por supuesto, estoy al tanto de todos los argumentos económicos y sociológicos que se han levantado a favor de las madres que trabajan. Tales

5. Alexis M. Herman, secretario del Ministerio de Trabajo de EE.UU.: "Meeting the Needs of Today's Workforce: Child Care Best Practices" (1998, véase www.dol.gov/wb/childcare/child3.pdf), p. 8.

argumentos francamente no son muy persuasivos al considerar los obvios efectos perjudiciales de tantas madres ausentes en la sociedad moderna. Pero lo más importante es que la Palabra de Dios resiste firmemente las modernas intenciones feministas al tratar el problema de las madres que salen a trabajar. Según la Biblia, la vida de una madre pertenece al hogar. Ahí es donde está su primera y más importante responsabilidad dada por Dios. Eso es precisamente lo que se supone que las mujeres mayores deben enseñar a las jóvenes.

En 1 Timoteo 5 Pablo abordó la cuestión del deber de una iglesia de cuidar de sus viudas. En lugar de enviarlas al lugar de trabajo para que se las arreglen solas, Pablo dijo que la familia extendida de cada viuda tiene el deber de mantenerla (1 Ti. 5:8). En ausencia de alguien que pueda hacerlo, es deber de la iglesia cuidar de las viudas (v. 16). En medio de tal análisis, Pablo agregó: "Quiero, pues, que las viudas jóvenes se casen, críen hijos, gobiernen su casa; que no den al adversario ninguna ocasión de maledicencia" (v. 14). Allí la expresión "gobiernen su casa" es traducción de la palabra griega *oikodespotéo*, que habla de guiar, dirigir o administrar un hogar. No hacerlo es traer reproche sobre la mujer cristiana. Este es a tal punto el diseño de Dios para las mujeres, que Pablo incluso instó a las viudas jóvenes a buscar un nuevo matrimonio en lugar de una carrera. De modo constante las Escrituras sugieren que el papel de la esposa es trabajar dentro, no fuera, de la casa.

Este principio se relaciona con la idea de sujetarse al propio marido, porque si eres una esposa que tiene una carrera fuera del hogar, con toda probabilidad estás en circunstancias que requieren que te sometas a alguien además de tu esposo.

Recuerda el principio de 1 Timoteo 2:15: "[La mujer] se salvará engendrando hijos, si permaneciere en fe, amor y santificación, con modestia". Dios quiso que las mujeres ejercieran su influencia principal en el hogar, en las vidas de sus hijos, y bajo el liderazgo de sus esposos. Las esposas y madres que optan por otras opciones profesionales corren el riesgo de perder la bendición de Dios en sus hogares y familias.

¿Significa eso que las mujeres deben acallar los dones y talentos que Dios les ha otorgado, y convertirse en esclavas domésticas? Después de todo, esa es la caricatura feminista de la mamá que se queda en casa. Pero este no es en absoluto el modo en que la Biblia describe a la esposa y madre virtuosa.

PROVERBIOS 31:10-31

Proverbios 31 nos describe la mujer ideal. Es creativa, laboriosa, inteligente, ingeniosa y emprendedora.

No hay nada aburrido, monótono o sofocante en cuanto a su carrera como esposa y madre. He aquí una mujer sorprendente:

10 Mujer virtuosa, ¿quién la hallará?
Porque su estima sobrepasa largamente a la de las piedras preciosas.
11 El corazón de su marido está en ella confiado,
Y no carecerá de ganancias.
12 Le da ella bien y no mal
Todos los días de su vida.
13 Busca lana y lino,
Y con voluntad trabaja con sus manos.
14 Es como nave de mercader;
Trae su pan de lejos.
15 Se levanta aun de noche
Y da comida a su familia
Y ración a sus criadas.
16 Considera la heredad, y la compra,
Y planta viña del fruto de sus manos.
17 Ciñe de fuerza sus lomos,
Y esfuerza sus brazos.
18 Ve que van bien sus negocios;
Su lámpara no se apaga de noche.
19 Aplica su mano al huso,
Y sus manos a la rueca.
20 Alarga su mano al pobre,
Y extiende sus manos al menesteroso.

21 No tiene temor de la nieve por su familia,
Porque toda su familia está vestida de ropas dobles.
22 Ella se hace tapices;
De lino fino y púrpura es su vestido.
23 Su marido es conocido en las puertas,
Cuando se sienta con los ancianos de la tierra.
24 Hace telas, y vende,
Y da cintas al mercader.
25 Fuerza y honor son su vestidura;
Y se ríe de lo por venir.
26 Abre su boca con sabiduría,
Y la ley de clemencia está en su lengua.
27 Considera los caminos de su casa,
Y no come el pan de balde.
28 Se levantan sus hijos y la llaman bienaventurada;
Y su marido también la alaba:
29 Muchas mujeres hicieron el bien;
Mas tú sobrepasas a todas.
30 Engañosa es la gracia, y vana la hermosura;
La mujer que teme a Jehová, ésa será alabada.
31 Dadle del fruto de sus manos,
Y alábenla en las puertas sus hechos.

Este pasaje es la respuesta bíblica definitiva a aquellos que afirman que a las mujeres se les restringe automáticamente en su papel dado por Dios como amas de casa.

Observa que el pasaje empieza reconociendo la rareza de tan virtuosa mujer. Su valor es insuperable (v. 10). Pero de ninguna manera se encuentra reprimida o esclavizada al tedio debido a sus responsabilidades hogareñas. Literalmente es administradora del hogar: una fuerza positiva y constructiva en la casa y la familia.

La mujer virtuosa es confiable. Su esposo puede entregarle la chequera (v. 11). No teme que ella derroche los recursos de la familia, pues no solo es ahorrativa sino que también dedica la vida al bienestar de su esposo (v. 12).

Además de eso, es hacendosa y hábil, trabaja con sus propias manos (v. 13). Este es su pasatiempo. Es su alegría. Es lo que le gusta hacer. La expresión literalmente significa que ella se alegra en hacer trabajos manuales para su familia.

Y lejos de sentirse encarcelada por sus deberes hogareños, ella "es como nave de mercader" (v. 14) que busca oportunidades dondequiera que se encuentren. Irá a donde tenga que ir para conseguir el mejor precio y los productos o materiales de mayor calidad. Compra "lana y lino" (materias primas) que aplica al huso y a la rueca (v. 19) para hacer hilo. Y con el hilo hace tapices y ropa (v. 22).

Ella sacrifica mucho por su familia, levantándose

temprano para prepararles alimentos (v. 15). En otras palabras, le importan más ellos que su propia comodidad. No es perezosa sino disciplinada y diligente.

No solo eso, sino que es sagaz en los negocios. Después de haber manejado bien y con frugalidad las finanzas del hogar, encuentra un terreno que es una verdadera ganga y lo compra, junto con vides, y planta un viñedo (v. 16). Ahora tiene un negocio en casa. Ella es fuerte (v. 17), emprendedora (v. 18) y generosa (v. 20), y está segura de sí misma (v. 21). Pero su casa sigue siendo su base de operaciones.

El hogar es donde la verdadera mujer piadosa florece. Allí es donde encuentra su mayor alegría, y es donde ejerce su influencia más importante.

Esta no es la típica caricatura de un ama de casa ataviada con bata y descalza. No es frágil ni autoindulgente; no es materialista o egocéntrica; no se muestra insegura o ensimismada. Es equilibrada y llena de energía, sabia y amable en lo que dice (v. 26). Está atenta a su hogar y busca con diligencia el bienestar para los suyos (v. 27). Ella es una de las razones principales para el éxito y la buena reputación de su marido (v. 23).

Pero este es el verdadero premio: "Se levantan sus hijos y la llaman bienaventurada; y su marido también la alaba" (v. 28). Eso es lo que le llena la vida y le satisface el corazón. No hay manera en que tal mujer se sienta alguna vez atrapada en una existencia aburrida y sombría. Después de todo, esas son las prioridades que Dios mismo diseñó para cada esposa y madre. La verdad es que a ninguna esposa o madre puede sinceramente llamársele "bienaventurada" ni sentirse realizada de verdad si sacrifica el hogar y la familia por su carrera en cualquier empresa fuera de casa.

Todo eso está incluido en lo que Pablo quiso decir cuando instó a las esposas a estar sujetas a sus maridos (Ef. 5:22). Una mujer en el lugar de trabajo está sujeta a la autoridad de alguien más. Sus prioridades se confunden fácilmente. Está fuera de su elemento. Pierde su llamado más enaltecido.

Sin embargo, el hogar es donde la verdadera mujer piadosa florece. Allí es donde encuentra su mayor alegría, y es donde ejerce su influencia más importante.

EL ESPOSO

Pídele en la calle a un hombre típico que te dé una palabra que personifique la esencia de ser cabeza de familia, y probablemente sugerirá expresiones como autoridad, control, poder o liderazgo. *La Biblia contesta la pregunta con una palabra diferente:* amor. *Sin duda, ser cabeza también implica una medida vital de liderazgo, pero este es como el de Cristo, motivado por el amor y siempre moderado por un afecto profundo y tierno. El hombre que gobierna por puro poder es un opresor, no un cabeza de familia.*

"Ser cabeza" en la Biblia nunca significa una autoridad ruda. Al contrario, la idea bíblica de serlo hace hincapié en el sacrificio y el servicio. El verdadero cabeza de familia que es como Cristo protege, provee e incluso muere por aquellos bajo su liderazgo. "Ser cabeza" no es una posición de

superioridad sino una relación amorosa y edificante, mejor personificada por Cristo cuando asumió el papel de siervo para lavar los pies de sus propios discípulos.

El esposo que imagina que Dios ordenó la familia para que la esposa esté a su entera disposición no conoce la enseñanza bíblica. Su papel es amarla y servirla. Del mismo modo, el padre que cree que los hijos son su posesión personal y que están bajo su mando, no ha comenzado a entender su deber como cabeza de la familia. Ser cabeza tiene que ver con sacrificio, servicio, protección y provisión para los suyos; y si el hombre ve su posición de alguna otra manera, no está siendo semejante a Cristo en su liderazgo.

3

EL DEBER DEL ESPOSO:

AMAR

Dios ordenó divinamente el matrimonio como imagen de Cristo y la Iglesia. La sumisión de la esposa hacia el esposo está diseñada como ilustración vívida de la sumisión de la Iglesia al Señor. Esa es precisamente la razón que Pablo dio para ordenar que las esposas se sometan: "El marido es cabeza de la mujer, así como Cristo es cabeza de la iglesia, la cual es su cuerpo, y él es su Salvador. Así que, como la iglesia está sujeta a Cristo, así también las casadas lo estén a sus maridos en todo" (Ef. 5:23-24).

Por el contrario, se supone que el esposo debe ser una ilustración viva de Cristo, quien "amó a la iglesia, y *se entregó a sí mismo* por ella" (v. 25).

Observa que el énfasis está totalmente en el sacrificio de Cristo y en el servicio para el bien de la Iglesia:

> Para santificarla, habiéndola purificado en el lavamiento del agua por la palabra, a fin de presentársela a sí mismo, una iglesia gloriosa, que no tuviese mancha ni arruga ni cosa semejante, sino que fuese santa y sin mancha. Así también los maridos deben amar a sus mujeres como a sus mismos cuerpos. El que ama a su mujer, a sí mismo se ama. Porque nadie aborreció jamás a su propia carne, sino que la sustenta y la cuida, como también Cristo a la iglesia, porque somos miembros de su cuerpo, de su carne y de sus huesos. Por esto dejará el hombre a su padre y a su madre, y se unirá a su mujer, y los dos serán una sola carne. Grande es este misterio; mas yo digo esto respecto de Cristo y de la iglesia. Por lo demás, cada uno de vosotros ame también a su mujer como a sí mismo; y la mujer respete a su marido (vv. 26-33).

Recuerda, el tema de Pablo en Efesios 5 (desde el versículo 21 en adelante) es *la sumisión mutua*. Cuando el apóstol presentó el liderazgo del marido en el versículo 23 no estaba cambiando de tema. No estaba diciendo que todos los demás deben someterse al hombre, quien como cabeza de familia impone a todos su voluntad y deseos. De ningún modo. La enseñanza principal de Pablo aquí es que el esposo modela mejor el liderazgo de Cristo por medio del sacrificio y servicio voluntario y amoroso a favor de la esposa, que es tanto una forma de *sumisión* como lo es la lealtad de la esposa al liderazgo de su marido y la obediencia de los hijos a sus padres.

Cuando Pablo ordenó a los esposos amar a sus esposas como Cristo amó a la iglesia, en realidad estaba prohibiéndoles ejercer autoridad severa o abusiva sobre ellas.

La tendencia pecaminosa del hombre caído es dominar a su esposa por la fuerza bruta. Incluso algunos hombres cristianos son culpables de ser demasiado duros con la autoridad. Prácticamente se enseñorean de sus esposas, como si el matrimonio estuviera diseñado para ser una relación esclava-amo. Incluso hay quienes han tratado de afirmar que Efesios 5:24 apoya tal noción, porque insta a las esposas a estar sujetas a sus maridos "en todo". Pero esa perspectiva del papel del esposo se opone al modelo de liderazgo que Cristo mostró.

Cualquiera que piense de esa manera debe simplemente leer más en Efesios 5. Cuando Pablo volvió su atención a los esposos, no expresó: "Maridos, gobiernen a sus esposas, denles órdenes, diríjanlas, ejerzan autoridad sobre ellas, domínenlas", o algo parecido. Les dijo que amaran a sus esposas como Cristo ama a la iglesia: en forma sacrificial, tierna, mansa y con corazón de siervo. Así es como los esposos deben mostrar sumisión a sus esposas.

EL SIGNIFICADO DE AMOR

El amor auténtico es incompatible con un enfoque déspota o dominante de jefatura. Cuando Pablo ordenó a los esposos amar a sus esposas como Cristo amó a la iglesia, en realidad estaba prohibiéndoles ejercer autoridad severa o abusiva sobre ellas. Si el modelo de este amor es Cristo, quien "no vino para ser servido, sino para servir, y para dar su vida en rescate por muchos" (Mt. 20:28), entonces el marido que cree que existe para que su esposa y sus hijos le sirvan no podría estar más equivocado.

A propósito, es importante notar que a los esposos no se les manda dirigir sino *amar* a sus esposas.

Considera las implicaciones del *mandamiento* de amar. Sugiere que el amor verdadero no es simplemente un sentimiento o una atracción involuntaria. Implica una decisión voluntaria, y por eso está en forma imperativa. Lejos de ser algo en que "caemos" por casualidad, el amor auténtico implica un compromiso deliberado y voluntario de sacrificar cualquier cosa que podamos por el bien de la persona que amamos.

Cuando Pablo ordenó a los esposos amar a sus esposas estaba pidiendo todas las virtudes descritas en 1 Corintios 13.

En 1 Corintios 13:4-8 el apóstol Pablo describió las características del amor verdadero. Observa que ninguna de ellas es involuntaria, pasiva o basada en sentimientos. Es más, Pablo usó verbos activos siempre que le fue posible, en lugar de adjetivos, resaltando así la verdad de que el amor es dinámico y deliberado:

> El amor es sufrido, es benigno; el amor no tiene envidia, el amor no es jactancioso, no se envanece; no hace nada indebido, no busca lo suyo, no se irrita, no guarda rencor; no se goza de la injusticia, mas se goza de la verdad. Todo lo sufre, todo lo cree, todo lo espera, todo lo soporta. El amor nunca deja de ser.

Por eso cuando Pablo ordenó a los esposos amar a sus esposas estaba pidiendo todas las virtudes descritas en 1 Corintios 13, incluso paciencia, bondad, generosidad, humildad, mansedumbre, veracidad y longanimidad. Es significativo que todas las propiedades del amor resalten desinterés y sacrificio. El marido que ama de veras a su esposa simplemente no puede ejercer autoridad sobre ella como con garrote. Lejos de enseñorearse de la familia, el esposo y padre piadoso debe convertirse en siervo de todos (véase también Mr. 9:35).

EL CARÁCTER DEL AMOR

En términos prácticos, ¿cómo debe el esposo demostrar amor por su esposa? Recuerda antes que nada que Cristo es el modelo del liderazgo del marido, y que el amor de Cristo por su Iglesia es, por consiguiente, el modelo y prototipo perfecto para la relación de todo esposo con su esposa. Eso eleva el amor del marido por su esposa a un nivel alto y santo. El esposo que abusa de su papel como cabeza de familia deshonra a Cristo, corrompe el simbolismo sagrado de la unión matrimonial, y peca directamente contra su propia cabeza, Cristo (1 Co. 11:3). Por tanto, el deber del esposo de amar a su esposa según el modelo de Cristo es de suma importancia. En realidad, el deber del marido es modelar a su familia el Espíritu de Cristo. A nadie en la familia se le concede mayor responsabilidad. (Creo que es muy significativo que la exhortación de Pablo a los esposos sea la sección más larga y más detallada de Ef. 5:22—6:9).

El pasaje sugiere cuatro características del amor cristiano.

Amor que da

Por supuesto, la finalidad de Pablo fue mostrar que el amor de Cristo era un amor abnegado. Jesús "amó a la iglesia, y *se entregó a sí mismo* por ella" (Ef. 5:25). Él mismo indicó que de todas las cualidades del amor, la disposición de sacrificarse es la más grande: "Nadie tiene mayor amor que este, que uno ponga su vida por sus amigos" (Jn. 15:13). El amor auténtico siempre es abnegado. Aquí hay una prueba concluyente de que el liderazgo del esposo no debe ser dominante ni tirano. La primera característica de su amor por su esposa debería ser su disposición de sacrificarse.

El tirano típico es arrogante y egocéntrico. La persona que ama sacrificialmente es el polo opuesto: humilde, mansa, interesada más en los demás que en sí misma. Nuevamente, Cristo es el modelo; aunque existió eternamente como Dios y, por tanto, era digno de toda adoración y honra, puso todo eso a un lado a fin de venir a la tierra y morir por los pecadores.

Las Escrituras declaran que Él "se despojó a sí mismo, tomando forma de siervo, hecho semejante a los hombres; y estando en la condición de hombre, se humilló a sí mismo, haciéndose obediente hasta la muerte, y muerte de cruz" (Fil. 2:7-8). Así es como se ve el amor sacrificial de Cristo, y eso es lo que Dios pide que los esposos imiten.

El amor verdadero es el compromiso deliberado del uno con el otro.

Recuerda también que Cristo no confirió su amor por la iglesia a personas que lo merecieran. En realidad solo merecían ira y condenación. Pero las amó aunque no lo merecían. "Dios muestra su amor para con nosotros, en que siendo aún pecadores, Cristo murió por nosotros" (Ro. 5:8).

Por tanto, esta clase de amor no depende de lo adorable o atractivo del objeto, sino que es incondicional, sin reservas, y sin restricciones. Pablo no estaba diciéndoles a los esposos que amaran a sus esposas si ellas lo merecían, o si ellos sentían hacerlo. Estaba dando un mandato absoluto. Este es una vez más un recordatorio de que el amor implica un acto deliberado de la voluntad. Si el amor solo fuera una sensación de hormigueo, cuando el sentimiento se detuviera, el amor perecería. Eso es exactamente lo que la mayoría de personas cree que es el amor.

Pero el amor bíblico es un compromiso voluntario de abnegación, y no se basa en absoluto en lo que podamos "sentir" en algún momento respecto al objeto de nuestro amor.

Sin embargo, un principio asombroso inspira este mandato. Lo que decidimos amar invariablemente se vuelve muy atractivo para nosotros. Un corazón decidido a amar solo ve belleza. Por tanto, el amor auténtico *redunda* de modo natural en las pasiones de deseo y atracción que a menudo asociamos con amor. Desde luego, los sentimientos pueden aparecer y desaparecer, subir y bajar, o estar presentes con mayor o menor intensidad de vez en cuando. Tales sentimientos en sí no son amor ni deberían confundirse con amor. Una vez más, el amor verdadero es el compromiso deliberado del uno con el otro.

Eso es precisamente lo que la Biblia demanda de los esposos: un compromiso de entrega a la esposa. Un marido que no está dispuesto a sacrificarse por su esposa ni siquiera sabe qué es el amor verdadero. Los esposos que consideran a sus esposas como sirvientas bajo su liderazgo soberano no han comenzado a apreciar el verdadero modelo bíblico para el matrimonio y la familia. De ahí que los maridos egoístas nunca sabrán qué es tener un matrimonio y familia realizados. La verdadera felicidad en el matrimonio es posible solo para quienes siguen el modelo divino. El sacrificio es el camino verdadero de bendición, como Jesús mismo enseñó: "Más bienaventurado es dar que recibir" (Hch. 20:35).

El marido debe dedicar su vida entera, e incluso literalmente estar dispuesto a morir, por el bien de su esposa.

Correctamente entendido, Efesios 5:25 ("Maridos, amad a vuestras mujeres, así como Cristo amó a la iglesia, y se entregó a sí mismo por ella") exige que el esposo muera a sí mismo. En efecto, él está llamado a crucificarse por el bien de su esposa. No se trata de un sacrificio pequeño como ayudar a la esposa a lavar los platos de vez en cuando. Significa que el marido debe dedicar su vida entera, e incluso literalmente estar dispuesto a morir, por el bien de su esposa.

Recuerda, el amor verdadero "no busca lo suyo" (1 Co. 13:5). El hombre que solo se preocupa de obtener lo que pueda del matrimonio está sembrando semillas de destrucción en su propia familia. Amar a tu esposa como Cristo amó a la Iglesia es interesarte en lo que puedas hacer por ella, no al revés. Después de todo, Cristo nos ama no por algún beneficio que obtenga sino simplemente porque es un Señor compasivo que se deleita en otorgarnos su favor.

Amor que protege

El amor de un hombre piadoso por su esposa es la clase de amor que salvaguarda la pureza de ella. Pablo afirmó que el sacrificio de Cristo por la Iglesia tenía en mente este objetivo final: santificarla y purificarla (Ef. 5:26), hacerla gloriosa, inmaculada y sin arrugas, para "que fuese santa y sin mancha" (v. 27). La pureza de la Iglesia fue la principal preocupación de Jesús.

Del mismo modo, en el matrimonio es deber solemne de todo esposo proteger la pureza de su esposa. Nadie profanaría deliberadamente a alguien que ama de veras. Recuerda que el amor verdadero "no se goza de la injusticia, mas se goza de la verdad" (1 Co. 13:6). ¿Cómo podría un marido amoroso deleitarse alguna vez en algo que comprometa la pureza de aquella a quien ama?

Por el contrario, el esposo que ama a su esposa como Cristo ama a la Iglesia *odiará* naturalmente todo lo que la mancille. La protegerá contra cualquier amenaza a su virtud. Se esforzará por hacer de su hogar un lugar en que se honre a Cristo y se excluya todo lo que podría contaminar. Nunca la conducirá a sabiendas a alguna clase de pecado. No la provocará ni la exasperará deliberadamente para que sucumba a la ira o a cualquier otra tentación. En cambio, la protegerá de todo lo que pudiera deshonrarla, degradarla, afrentarla o tentarla a pecar. Y él mismo será un ejemplo de pureza, sabiendo que cualquier cosa que lo manche finalmente la manchará también a ella.

En el matrimonio es deber solemne de todo esposo proteger la pureza de su esposa.

Observa la forma principal en que Cristo mantiene la pureza de la Iglesia: "En el lavamiento del agua por la palabra" (Ef. 5:26). Los esposos tienen la obligación de asegurar que sus esposas estén regularmente expuestas a la limpieza y al efecto purificador de la Palabra de Dios. El esposo debe ser el líder espiritual y el guardián sacerdotal del hogar. Es su deber asegurarse de que la Palabra de Dios esté en el centro del hogar y la familia. Por supuesto, él debe guiar a su familia a participar en una iglesia en que la Palabra de Dios se reverencie y obedezca. Pero por sobre todo, él mismo debe dedicarse a la Palabra de Dios y conocerla profundamente para que pueda ser la verdadera cabeza espiritual en el matrimonio (véase también 1 Co. 14:34-35).

Eso significa que las prioridades del marido deben estar en orden. Si un hombre se sienta durante horas, día tras día, mes tras mes, año tras año, a ver deportes por televisión o a cualquier cosa que le haga descuidar las necesidades espirituales de su familia, finalmente recogerá una cosecha amarga. Aquí es donde la disposición del esposo de sacrificarse por el bien de su esposa se vuelve algo intensamente práctico. Si cultivar la santificación de su esposa y protegerle la pureza no son prioridades por sobre la programación televisiva nocturna, ese esposo no está amando a su esposa del modo en que Cristo amó a la Iglesia.

Pero de igual modo en que Cristo protege amorosamente la pureza de su Iglesia, el esposo piadoso buscará la santificación, el decoro, y el crecimiento espiritual de su esposa. Esa es responsabilidad de todo marido.

Amor que cuida

El amor verdadero también implica cuidado tierno, y Pablo expresó así tal idea: "Los maridos deben amar a sus mujeres como a sus mismos cuerpos" (Ef. 5:28).

Dedicamos mucho tiempo y energía a cuidar de nuestros propios cuerpos. Hacemos ejercicio, comemos, usamos ropa para vernos bien y mantenernos abrigados. Cuando enfermamos o nos fatigamos, descansamos. Cuando nuestro cuerpo se lastima, buscamos alivio del dolor. Cuidamos constantemente nuestros cuerpos brindándoles cualquier alimento, ropa, comodidad, recreación, relajación o descanso que necesitan. Estamos atentos a nuestros cuerpos, pues nos preocupamos por sus necesidades, siendo sensibles y responsables a lo que desean.

Esa es la clase de amor que Pablo ordenó que los esposos mostraran a sus esposas. Observa una vez más que las Escrituras no describen el amor como una emoción. Este tipo de amor es activo, voluntario y dinámico... algo que hacemos, no algo que "sentimos" pasivamente.

Es razonable que un hombre ame a su esposa del modo que ama a su propio cuerpo, porque en el matrimonio, "los dos [son] una sola carne" (v. 31). Esa es la forma en que Dios diseñó el matrimonio. Pablo en realidad estaba citando Génesis 2:24 que, según observamos al principio de este libro, describe cómo Dios ordenó primero el matrimonio. En otras palabras, este es un principio que está integrado en la idea del matrimonio mismo. Se aplica universalmente, y ha sido cierto desde el principio. Los esposos deben amar a sus esposas con el mismo cuidado que brindan a sus propios cuerpos, porque después de todo los dos *son* una sola carne.

Eso es en realidad el matrimonio, el cual se consuma con la unión corporal literal de marido y mujer. Desde ese momento el esposo debe considerar a la esposa como su propia carne. Si ella se hace daño, él debería sentir dolor. Si ella tiene necesidades, él debe adoptarlas como suyas propias. Él debe tratar de sentir lo que ella siente, desear lo que ella desea, y en realidad brindarle el mismo cuidado y la misma consideración que ofrece a su propio cuerpo.

El apóstol Pedro tuvo estas palabras de consejo para los esposos: "Vosotros, maridos, igualmente, vivid con ellas sabiamente, dando honor a la mujer como a vaso más frágil, y como a coherederas de la gracia de la vida, para que vuestras oraciones no tengan estorbo" (1 P. 3:7). Nota varias cosas que emergen de ese texto:

Primera, desde la perspectiva del marido el liderazgo es algo que conlleva mayor *responsabilidad,* no necesariamente mayor grado de privilegio. Pedro ya había afirmado el orden divino del liderazgo del esposo (vv. 1-6). Reconoció que la esposa es "vaso más frágil". Sin embargo, vio esto como una razón para que el esposo sacrificara el privilegio personal y diera "honor a la mujer".

Segunda, aunque los deberes del marido claramente incluyen liderazgo, nada aquí indica que deba considerar a la esposa como algo diferente a coheredera y cónyuge. El esposo y la esposa son coherederos "de la gracia de la vida".

Tercera, el texto sugiere tres maneras prácticas en que los esposos deben preferir a sus esposas por sobre sí mismos:

Consideración. "Maridos… vivid con ellas sabiamente" (v. 7). Una de las quejas más comunes que los consejeros oyen de esposas acerca de sus esposos es: "Él ni siquiera trata de entenderme. Es insensible a cómo me siento".

El amor apropiado por la esposa implica consideración por cómo esta se siente. Los esposos deben ser conscientes de las preocupaciones que ellas expresan, los objetivos que han establecido, los sueños que aprecian, los deseos que las motivan, las cosas que temen, y las ansiedades que acarrean. Eso requiere un esfuerzo deliberado de ver lo que ella ve y sentir lo que ella siente. Significa escucharla con cuidado, dándole tiempo para que abra el corazón, y teniendo empatía con lo que siente. Esa clase de comprensión no parece llegar de modo natural a la mayoría de los maridos, pero es lo que toda esposa necesita… y lo que la Biblia exige de los esposos.

Caballerosidad. Pedro continuó: "Dando honor a la mujer como a vaso más frágil". Es un hecho innegable de la naturaleza que en general las mujeres son físicamente más débiles que los hombres. A eso es a lo que esto se refiere. En estos días referirse a las mujeres como "el sexo débil" no parece políticamente correcto, pero de ninguna manera Pedro lo dijo como una ofensa a las mujeres. Por el contrario, lo mencionó como una razón para que los esposos traten a sus esposas con amable y amorosa caballerosidad. Un esposo honra a su esposa cuando emplea sus fuerzas en servirle en formas que toman en cuenta las debilidades de ella. Hay todo tipo de maneras prácticas de mostrar esta clase de cortesía a una esposa, desde cosas simbólicas como abrir puertas para ella, hasta aspectos prácticos como cambiar llantas, lavar ventanas, y mover muebles.

Pedro instó a los esposos a ser comprensivos y mostrar honor y empatía a sus esposas.

Pedro declaró: Sirve a tu esposa con tus fuerzas. Reconoce que ella es vaso más frágil, y usa tu fortaleza física para servirle siempre que su debilidad la ponga en desventaja. Esta es una de las maneras clave en que los esposos deben someterse a sus esposas: mostrándoles cuidadosamente honor en sus debilidades.

Comunión. La última frase de 1 Pedro 3:7 pone todo en perspectiva: "Y como a coherederas de la gracia de la vida, para que vuestras oraciones no tengan estorbo". Una vez más vemos que aunque las mujeres puedan ser físicamente más débiles que los hombres, unos y otras tienen igualdad espiritual. El esposo y la esposa son coherederos "de la gracia de la vida". Pedro estaba indicando por medio de esa expresión que el matrimonio mismo es la mejor parte de la vida, como las nueces en un helado. Y marido y mujer participan juntos de esa gracia.

Estoy agradecido por mi esposa Patricia. Ella es mi mejor amiga y confidente más cercana. También es mi principal compañera espiritual, con quien hablo los asuntos que constantemente llevamos ante Dios. Pedro reconoció la importancia de esa relación y la citó como la razón primordial para que los esposos deban ser considerados y caballerosos con sus esposas: "Que vuestras oraciones no tengan estorbo". Si existe alguna clase de brecha en la relación marido-mujer, en realidad puede cerrar las ventanas del cielo.

Por eso Pedro instó a los esposos a ser comprensivos y mostrar honor y empatía a sus esposas. Esta es simplemente otra forma de decir lo que el apóstol Pablo manifestó en Efesios 5:28: "Los maridos deben amar a sus mujeres como a sus mismos cuerpos".

De vuelta entonces a Efesios 5 vemos lo que Pablo siguió diciendo en el versículo 29: "Nadie aborreció jamás a su propia carne, sino que la sustenta y la cuida". Eso es cierto. Desde luego, hay individuos que *afirman* que no se quieren mucho. Hoy día escuchamos mucho sobre el problema de "baja autoestima", que en la mayoría de casos resulta ser otra excusa para mimarse con falsa compasión.

Pero por naturaleza no nos odiamos. Es perfectamente natural evadir lo que nos hace daño, buscar lo que deseamos, comer lo que nos apetece, y evitar lo que amenace nuestra vida e integridad física. Nuestro instinto de conservación es uno de los impulsos más básicos. La Biblia lo reconoce. No hay nada esencialmente malo con eso, y ciertamente no hay virtud en la autoflagelación u otros medios ascetas de castigar el propio cuerpo.

Cuando las Escrituras nos ordenan amar a nuestro prójimo como a nosotros mismos (Mr. 12:31), tácitamente reconocen cuán extraño es para el corazón humano el odio hacia sí mismo. Jesús llamó a esa ley el segundo mayor mandamiento (Mt. 22:39). Y un momento de reflexión revelará que "amarás a tu prójimo como a ti mismo" es simplemente el principio de la sumisión mutua expresado en lenguaje diferente.

Si ese principio se aplica incluso al amor por nuestro prójimo, al amor entre marido y mujer debe aplicarse en una forma mucho más personal. En realidad, el lenguaje que Pablo usa en Efesios 5 con relación a esposos y esposas parece deliberadamente escogido para recalcar la intimidad absoluta del tierno amor del marido por su esposa: "Los maridos deben amar a sus mujeres como a sus mismos *cuerpos*" (v. 28).

Los términos que el apóstol emplea son sorprendentemente cálidos y personales: "Nadie aborreció jamás a su propia carne, sino que la *sustenta* y la *cuida*" (v. 29). El verbo griego traducido "sustenta" es una palabra usada solo aquí y en Efesios 6:4, donde se traduce "criadlos", y describe la crianza de un niño pequeño. Transmite la idea de alimentar y criar hasta la madurez. Parece hablar no solo del deber del esposo como proveedor, sino también de su papel como líder espiritual en la familia.

La palabra traducida "cuida" literalmente significa "calentar". La misma expresión griega se usa en 1 Tesalonicenses 2:7 donde describe cómo "la nodriza... cuida con ternura a sus propios hijos". Es un vocablo que podría usarse para describir el nido de un ave que empolla sus crías. La expresión es hermosa y en este contexto transmite la idea de calidez y seguridad, sugiriendo que un esposo piadoso protegerá y defenderá con ternura a su esposa como algo frágil y apreciado.

Una esposa es un tesoro dado por Dios para alimentar y cuidar, tal como Cristo hace con la Iglesia (Ef. 5:29). Es deber de su marido cuidarla; ella es su compañera y ayuda amorosa; y él debe suplirle toda necesidad de amor, amistad, compañía e intimidad física. Es de él para que sea la madre de sus hijos. Los dos son una sola carne. Se trata de la unión más perfecta e íntima en la tierra.

Lo que Pablo está diciendo es que el matrimonio es una ilustración viva del amor de Cristo por la

Iglesia. Por eso es que el deber del esposo de cuidar a su esposa es una responsabilidad sagrada, especialmente en un matrimonio cristiano. La esposa no solo es una con el marido, también lo es con Cristo. En el matrimonio es una con su esposo; en la salvación es una con Cristo. El modo en que el esposo la trate refleja por tanto lo que él piensa del Señor (véase también Mt. 25:40). "Porque somos miembros de su cuerpo, de su carne y de sus huesos" (Ef. 5:30).

Amor que perdura

Ya que el amor del marido por su esposa describe el amor de Cristo por la Iglesia, también debe ser la clase de amor que dura más que cualquier prueba y que vence todo obstáculo. Por supuesto, ese fue el diseño original de Dios para el matrimonio, y esa realidad nos la recuerda el versículo 31, donde Pablo cita de Génesis 2:24: "Por esto dejará el hombre a su padre y a su madre, y se unirá a su mujer, y los dos serán una sola carne". Cuando a Cristo le preguntaron acerca del divorcio, citó el mismo versículo, y después resaltó la permanencia de la unión: "Así que no son ya más dos, sino una sola carne; por tanto, lo que Dios juntó, no lo separe el hombre" (Mt. 19:6).

Todo matrimonio se consuma en sentido terrenal mediante la unión *física*: "Los dos serán una sola carne". Los hijos concebidos por esa unión llevarán literalmente el patrón genético de dos personas que se han convertido en una sola carne. Pero el matrimonio también implica una unión *espiritual*. Dios es quien une a marido y mujer (Mt. 19:6). El matrimonio es la unión de dos almas, de modo que la unión matrimonial las acopla en todo aspecto de vida. Sus emociones, intelectos, personalidades, deseos y objetivos de vida están inextricablemente vinculados. Tienen en común todos los aspectos de la vida: adoración, trabajo y ocio. Así es como Dios diseñó que sea el matrimonio.

Cuando el esposo o la esposa en un matrimonio nuevo no logran salir por completo de debajo del paraguas de los padres…, es invariable que esto cause problemas en el matrimonio.

Entonces, por naturaleza, Dios también diseñó el matrimonio como una unión *permanente*, intacta y no pervertida. La Biblia afirma: "Jehová Dios de Israel ha dicho que él aborrece el repudio" (Mal. 2:16). La terminología bíblica de Efesios 5:31 resalta la permanencia de la unión matrimonial: "Dejará el hombre a su padre y a su madre, y se unirá a su mujer".

La palabra griega traducida "dejará" en ese versículo es *kataleíp*. Es un verbo intensificado que significa "dejar atrás" o "abandonar por completo". Cuando una pareja se casa, toda relación antigua entre padre e hijo se rompe radicalmente. Desde luego, los hijos casados siguen teniendo una relación vital con sus padres. (Incluso a los hijos adultos se les ordena honrar a sus padres y madres). Pero esta es una relación totalmente nueva. El matrimonio saca al hijo de la autoridad directa de los padres y establece un hogar completamente nuevo con nueva cabeza: el marido. Dejar padre y madre es parte esencial de todo matrimonio. Cuando el esposo o la esposa en un matrimonio nuevo no logran salir por completo de debajo del paraguas de los padres tanto física como emocionalmente, es invariable que esto cause problemas en el matrimonio.

La palabra traducida "se unirá a" es un término griego (*proskolla*) que literalmente habla de engomar algo. Describe un vínculo permanente e irrompible. Es una descripción apta del ideal divino para el matrimonio, una unión engomada por amor duradero que se niega rotundamente a romperse.

LA MOTIVACIÓN DEL AMOR

La Biblia es clara: el plan de Dios para la familia empieza con un matrimonio monógamo de por vida, cimentado en amor sacrificial. ¿Por qué es esto tan sumamente importante? ¿Cuál es la motivación más elevada y mejor para que los esposos amen a sus esposas? Pablo ofrece la respuesta en Efesios 5:32: "Grande es este misterio; mas yo digo esto respecto de Cristo y de la iglesia". En otras palabras, debido a lo que ilustra, el amor del marido por su esposa es un deber sagrado.

Cristo es el Novio celestial y la Iglesia es su novia (Ap. 19:7-8; 21:9). Debido a que el matrimonio representa esa unión, el marido debe ser como Cristo en su amor por la esposa, y ella debe someterse al liderazgo de él. De lo contrario, la lección del objeto divino se destruye y el matrimonio no puede ser lo que Dios pretendió que fuera.

¿Qué motivo más elevado podría haber para que un esposo ame a su esposa? Al amarla como Cristo amó a la Iglesia honra a Cristo en el modo más directo y gráfico. El marido se convierte en la encarnación del amor de Cristo hacia su propia esposa, un ejemplo vivo para el resto de su familia, un canal de bendición para todo su hogar, y un testimonio poderoso hacia un mundo que observa.

LOS HIJOS

La ley del Antiguo Testamento resalta reiteradamente el deber de los hijos de obedecer a sus padres. Dios obviamente quiso dejar en claro que no considera la rebelión contra los padres como un asunto sin importancia. Bajo la ley de Moisés, la insolencia extrema contra los propios padres podía castigarse incluso con la muerte: "Todo hombre que maldijere a su padre o a su madre, de cierto morirá; a su padre o a su madre maldijo; su sangre será sobre él" (Lv. 20:9). "El que hiriere a su padre o a su madre, morirá" (Éx. 21:15).

La simple terquedad también podría dar lugar a pena de muerte en casos en que un hijo o una hija demostraran ser totalmente incorregibles:

> *Si alguno tuviere un hijo contumaz y rebelde, que no obedeciere a la voz de su padre ni a la*

> *voz de su madre, y habiéndole castigado, no les obedeciere; entonces lo tomarán su padre y su madre, y lo sacarán ante los ancianos de su ciudad, y a la puerta del lugar donde viva; y dirán a los ancianos de la ciudad: Este nuestro hijo es contumaz y rebelde, no obedece a nuestra voz; es glotón y borracho. Entonces todos los hombres de su ciudad lo apedrearán, y morirá; así quitarás el mal de en medio de ti, y todo Israel oirá, y temerá (Dt. 21:18-21).*

Por supuesto, eso describe el peor de los casos. Se aplica solo a los rebeldes más crónicos y extremos, delincuentes juveniles. Lo que sabemos de la historia de Israel sugiere que solo se practicó rara vez o casi nunca (quizás debido a que la amenaza fue un elemento eficaz de disuasión en la mayoría de casos). No obstante, se encuentra en el registro bíblico como prueba gráfica de que Dios era muy serio en cuanto al deber de los hijos de honrar a sus padres.

Pero la Biblia también enseña que los hijos no obedecen naturalmente a sus padres. "La necedad está ligada en el corazón del muchacho" (Pr. 22:15). Todos nacemos como "hijos de desobediencia" (Ef. 2:2) con naturaleza pecadora y tendencia hacia la rebelión. No es necesario enseñar a un niño a desobedecer o rebelarse. "Se descarriaron hablando mentira desde que nacieron" (Sal. 58:3).

La única manera en que los hijos aprenden la obediencia es enseñándoles a obedecer. De eso trata la disciplina de los padres. Gran parte del libro de Proverbios analiza este tema. "El que detiene el castigo, a su hijo aborrece; mas el que lo ama, desde temprano lo corrige" (13:24). "No rehúses corregir al muchacho; porque si lo castigas con vara, no morirá. Lo castigarás con vara, y librarás su alma del Seol" (23:13-14).

Ese pasaje describe cómo los padres deben enseñar a sus hijos a obedecer; no habla sobre el castigo a delincuentes empedernidos. No describe alguna clase de fuerza física violenta. Hoy la palabra castigar *en español tiene connotaciones de agresión severa que causa lesión. Eso no es lo que significa. La expresión hebrea traducida "castigas" significa "sancionar"* o *"golpear". Habla de algo firme, pero no necesariamente perjudicial. Es más, Ezequiel 21:14 y 17 usan el mismo término para hablar de batir una mano contra mano.*

Por supuesto, la Biblia no está prescribiendo alguna clase de castigo que lesione a un niño pequeño. Pero sí sugiere que la disciplina paterna debe ser firme, incluso dolorosa (véase también Pr. 20:30).

No obstante, los padres siempre deben administrar disciplina con amor, no con ira ni con placer sádico. El modelo para este tipo de disciplina es

Dios mismo. "Jehová al que ama castiga, como el padre al hijo a quien quiere" (Pr. 3:12). Pero Dios disciplina a sus hijos solo "para lo que nos es provechoso, para que participemos de su santidad" (He. 12:10).

4

EL DEBER DE LOS HIJOS

OBEDIENCIA

Después de exhortar a las esposas y luego a los maridos, el apóstol Pablo centró su atención en los hijos. Es el principio de un nuevo capítulo (6) en la epístola de Pablo a la iglesia en Éfeso, pero también continúa el mismo tema que el apóstol había estado analizando. Él estaba moviéndose sistemáticamente a través de la familia, describiendo el deber de cada uno de los miembros, y mostrando lo que significa la sumisión mutua en el contexto de la estructura familiar.

Por supuesto, los hijos deben mostrar sumisión obedeciendo a sus padres. Este es uno de varios textos en las Escrituras que se dirigen directamente a los hijos en particular (véase también Éx. 20:12;

Pr. 1:8-9; 6:20; Col. 3:20). Prácticamente cada vez que la Palabra de Dios habla a los hijos, el mensaje es el mismo, resumido acertadamente en Efesios 6:1-3: "Hijos, obedeced en el Señor a vuestros padres, porque esto es justo. Honra a tu padre y a tu madre, que es el primer mandamiento con promesa; para que te vaya bien, y seas de larga vida sobre la tierra".

En el versículo 2 Pablo cita el quinto mandamiento de Éxodo 20:12: "Honra a tu padre y a tu madre, para que tus días se alarguen en la tierra que Jehová tu Dios te da". Ese mandato marca un antes y un después en los Diez Mandamientos. Los primeros cuatro mandamientos (a menudo llamados la primera tabla de la ley) describen aspectos de nuestro deber hacia Dios: no tener otros dioses; no esculpir imágenes; no tomar en vano el nombre del Señor; y recordar el día de reposo. Los seis mandamientos restantes (la segunda tabla de la ley) explican nuestros deberes con respecto a otras personas: honrar a los padres; no matar; no cometer adulterio; no hurtar; no dar falso testimonio; y no codiciar.

El lugar de partida y la base de todas las relaciones terrenales es el deber del hijo de honrar a sus padres. Ya que esa es la primera relación que experimentamos, este es el primer principio moral que todo hijo debe aprender. Por tanto, es apropiado que el mandamiento principal en la segunda tabla de la ley rija la relación padre-hijo.

Como el apóstol Pablo señaló, el quinto mandamiento también "es el primer mandamiento con promesa". Es más, este es el único de los Diez Mandamientos que viene con una promesa. Otros dos mandamientos (el segundo y el tercero) están acompañados por amenazas. Al cuarto mandamiento le sigue una extensa explicación de la razón del mandato. Pero "honra a tu padre y a tu madre" es el único mandamiento con una bendición para quienes lo guardan.

Se trata de una promesa de larga vida, bendición y prosperidad. Amparado en la inspiración del Espíritu Santo, Pablo juntó la promesa de Éxodo 20:12 ("para que tus días se alarguen en la tierra que Jehová tu Dios te da") con el lenguaje más completo de Deuteronomio 4:40: "Para que te vaya bien... y prolongues tus días sobre la tierra", de modo que la promesa tiene dos partes. Por un lado promete *calidad de vida* (que te vaya bien), y por el otro promete *largura de días* (y seas de larga vida).

La "promesa" era una garantía divina para los israelitas como *nación*. En lo que respecta a individuos, esta es realmente más una máxima que una seguridad incuestionable. En otras palabras, es un axioma, no una garantía. Algunas personas honran a sus padres, y aun así mueren jóvenes. Sin duda ha habido casos de individuos que han despreciado la autoridad de sus padres, sin embargo han vivido hasta la vejez. Pero como regla general, el principio es cierto. Rebelarse contra los padres tiene consecuencias incorporadas que suelen acortar la vida.

Las instrucciones del apóstol Pablo para los hijos en Efesios 6 son notables por su sencillez directa. No hay una larga lista de deberes ni una serie compleja de instrucciones; tan solo un simple mandato: "Obedeced... a vuestros padres". Por supuesto, todos *los demás* deberes (como amar a Dios, amar a hermanos y hermanas, amar al prójimo, y todos los demás preceptos morales importantes) estarán cubiertos por esta regla si los padres simplemente hacen lo que se les ordena en el versículo 4: "Criadlos en disciplina y amonestación del Señor". Los hijos que aprenden a obedecer a sus padres también aprenderán a obedecer a Dios. Esto resalta una vez más la suprema importancia de una familia cristiana.

¿POR QUÉ LA OBEDIENCIA ES TAN DIFÍCIL DE APRENDER?

Enseñar a los hijos a obedecer no es tarea fácil. Es un deber de los padres a tiempo completo y durante muchos años, a menudo frustrante y que siempre requiere diligencia. ¿Por qué es tan difícil?

Como observamos en el prólogo de este capítulo, la obediencia no le viene a nadie de manera natural. Cuando Adán cayó, arrastró a toda la humanidad al pecado (Ro. 5:12-21). A eso se le conoce como la doctrina del pecado original. Eso significa que por naturaleza los seres humanos somos hostiles a Dios, totalmente incapaces de obedecerle por motivos intachables o de corazón puro, y por tanto incapaces de hacer algo que le agrade realmente (Ro. 8:7-8). Toda la descendencia de Adán nace naturalmente depravada y con inclinación al pecado y la rebelión.

Por tanto, existen dos obstáculos importantes reales que todos los padres enfrentan al enseñar a sus hijos a obedecer: no solo que el mundo en que viven es corrupto, sino que ellos mismos también son criaturas pecadoras. Enfrentan una lucha difícil tanto dentro de ellos como por fuera.

Nuestros hijos viven en un mundo caído

Es un hecho innegable que el mundo en que vivimos es corrupto y está marcado por el pecado. Alguien ha dicho que existe más evidencia empírica para la doctrina del pecado original que para cualquier otra verdad bíblica. Eso es cierto. Aunque podría ser difícil para algunas personas aceptar la verdad de que el pecado de Adán corrompió a toda la especie humana, es realmente imposible para un individuo razonable negar la abundante evidencia de esa doctrina.

Dondequiera que mires, los efectos del pecado humano corrompen la sociedad. Todas las tendencias que actualmente socavan a la familia (divorcio, infidelidad, homosexualidad, delincuencia, etc.) no son más que expresiones de la pecaminosidad humana. Y el pecado está tan profundamente arraigado en la sociedad, que ha moldeado nuestra propia cultura. Es imposible vivir en el mundo sin ser intensamente afectados por la corrupción del pecado a nuestro alrededor.

La misma cultura en que los niños viven hoy día les enseña a rebelarse contra la autoridad.

Por ejemplo, nuestra época en particular ha convertido la rebeldía en una virtud y la obediencia en motivo de burla. Esta visión deformada y rebelde de la vida se manifiesta en cada aspecto de la cultura popular. El entretenimiento, la música, e incluso los noticieros enaltecen la insurrección y rebelión contra toda forma de autoridad. La misma cultura en que los niños viven hoy día les enseña a rebelarse contra la autoridad.

Las estadísticas muestran que el niño promedio que vive en casa en Estados Unidos ve al menos veintiocho horas de televisión cada semana.[6] (Para algunos niños el total es mucho más alto). La programación dirigida a los jóvenes suele ser *la peor* para glorificar deliberadamente el pecado. Al graduarse del colegio, la mayoría de jóvenes han estado muy expuestos, y en maneras que entumecen la mente, a las clases más repugnantes de maldad a través de los medios de "entretenimiento", por lo que ya nada les parece particularmente atroz. Después de todo, el uso de drogas, la inmoralidad, la violencia, y la blasfemia son cosas normales en televisión. Cuando toda una generación se ha criado con una dieta constante de esas cosas, no extraña que el pecado ya no les parezca excesivamente inmoral.

¿Cuál es el resultado previsible? Abuso de drogas, delito violento, promiscuidad sexual, y otras formas de anarquía están en niveles epidémicos entre adolescentes. Existen grandes y perturbadoras subculturas entre jóvenes que practican formas extrañas de modificación corporal (como tatuajes y perforaciones), se sumergen en el ocultismo, y practican abiertamente otras formas de comportamiento antisocial. ¿Quién puede negar que el pecado y la rebelión posean nuestra sociedad, y que los efectos

6. Academia estadounidense de psiquiatría del niño y el adolescente, "The Impact of Media Violence on Children and Adolescents" (www.aacap.org/training/developmentor/content/1999fall/f1999_a3.cfm).

trágicos sean más vívidamente aparentes en la cultura de nuestros jóvenes?

Sin embargo, millones en la sociedad, especialmente entre quienes controlan los medios de entretenimiento, se glorían en la maldad. El apóstol Pablo predijo proféticamente tiempos como estos. Así escribió a Timoteo:

> Debes saber esto: que en los postreros días vendrán tiempos peligrosos. Porque habrá hombres amadores de sí mismos, avaros, vanagloriosos, soberbios, blasfemos, *desobedientes a los padres*, ingratos, impíos, sin afecto natural, implacables, calumniadores, intemperantes, crueles, aborrecedores de lo bueno, traidores, impetuosos, infatuados, amadores de los deleites más que de Dios, que tendrán apariencia de piedad, pero negarán la eficacia de ella; a éstos evita (2 Ti. 3:1-5).

Es acertado que la rebelión contra los padres esté en el centro de esa lista de males, porque prácticamente todos los demás pecados enumerados (en especial egoísmo, ingratitud, falta de dominio propio, arrogancia pertinaz y hedonismo) son frutos inevitables de la rebelión juvenil contra los padres. Una cultura de rebelión también engendra toda clase de pecado.

Por eso es que estamos viviendo en una era de anarquía moral. Esa es la cultura en la cual nuestros hijos están criándose. Aunque los padres sabios minimizarán la exposición de los hijos a los males del mundo, simplemente no hay manera de aislarlos por completo de todas esas influencias. Aunque pudiéramos hacerlo, eso no eliminaría todos los retos que enfrentamos como padres. Todavía hay otra razón importante por la cual nuestros hijos encuentran fácil rebelarse y difícil obedecer.

Nuestros hijos son criaturas caídas

Toda la corrupción de este mundo representa un gran peligro para los niños porque ellos mismos son criaturas caídas y, por tanto, la maldad les atrae naturalmente. Job 5:7 declara: "Como las chispas se levantan para volar por el aire, así el hombre nace para la aflicción".

Los niños son simplemente propensos a la rebelión. Algunos podrán ser más rebeldes que otros, pero ningún niño es obediente por naturaleza. La depravación es universal (Ro. 3:10-18). A nadie se le ha *enseñado* a desobedecer. Todos nacemos con esa tendencia.

Además, algo en nuestra naturaleza humana caída hace que la rebelión nos atraiga. A nadie le gusta obedecer naturalmente. Cuando se nos dice que *no* hagamos algo, la orden misma parece provocar un deseo de hacer lo que está prohibido. El apóstol Pablo reconoció esto y escribió en Romanos 7:7-8: "Yo… tampoco conociera la codicia, si la ley no dijera: No codiciarás. Mas el pecado, tomando ocasión por el mandamiento, produjo en mí toda codicia; porque sin la ley el pecado está muerto".

Todo niño pequeño, tan pronto como puede moverse, ofrece una prueba viva de este principio. Dile que no toque algo, y tan pronto le vuelves la espalda irá directamente al objeto prohibido. Ese es precisamente el espíritu del pecado de Adán, ¿no es así? Heredamos de él esa tendencia y la llevamos toda la vida.

Por eso es que los padres no pueden darse el lujo de ser medrosos o pasivos. No pueden renunciar antes de completar la tarea; y esta *nunca* se completa. A menudo la lucha por enseñar a los niños a obedecer simplemente se hace más difícil a medida que crecen.

El hijo que aprende a obedecer mientras está en casa seguirá obedeciendo los principios morales y bíblicos, y honrará los valores de los padres piadosos incluso después de salir del hogar.

Sin embargo, el mandato de Efesios 6:1 se aplica a adolescentes y jóvenes adultos mientras permanezcan en casa y dependan del apoyo de los padres, hasta que se casen o establezcan sus propios hogares. La palabra griega traducida "hijos" en Efesios 6:1 se aplica tanto a descendientes adultos como a niños jóvenes.

Según hemos visto, el plan de Dios es que los hijos y las hijas que se casen dejen a sus padres y se unan a sus cónyuges (Gn. 2:24). Desde luego, parte de "dejar" significa que el hijo ya no está bajo la autoridad directa de los padres. Pero el deber de *honrar* a padre y madre continúa (Mt. 15:3-6). Ese respeto de por vida es el legado de haber sido criado para obedecer. Y el hijo que aprende a obedecer mientras está en casa seguirá obedeciendo los principios morales y bíblicos, y honrará los valores de los padres piadosos incluso después de salir del hogar.

Pero Efesios 6:1 habla principalmente a hijos que todavía viven en casa bajo la autoridad de sus padres. El pasaje paralelo en Colosenses 3:20 define el grado de obediencia que se requiere: "Hijos, obedeced a vuestros padres *en todo*". Mientras estén bajo la custodia de sus padres y estos tengan la responsabilidad de proveer para ellos, la responsabilidad de los hijos es obedecer, aunque la obediencia sea lo más antinatural para todo corazón humano.

¿CÓMO SE APRENDE OBEDIENCIA?

¿Cómo pueden entonces los padres enseñar a obedecer a sus hijos? En primer lugar, la instrucción positiva y un buen ejemplo son primordiales. El castigo es el último recurso (aunque esencial), no el punto de inicio. Los niños necesitan guía positiva con refuerzo positivo.

¿Te diste cuenta de que incluso Jesús tuvo que aprender obediencia? Hebreos 5:8 expresa que "por lo que padeció aprendió la obediencia". Al haber "nacido bajo la ley" (Gá. 4:4), Él estaba obligado por el quinto mandamiento a honrar a su padre y a su madre, como cualquier otro hijo. Aprendió a someterse a ellos (Lc. 2:51-52).

No es que Jesús alguna vez *des*obedeciera o actuara en forma pecaminosa. Por supuesto "que fue tentado en todo según nuestra semejanza, pero sin pecado" (He. 4:15). Él permaneció "santo, inocente, sin mancha, apartado de los pecadores" (He. 7:26), incluso durante su vida terrenal.

Pero recuerda que cuando Jesús tomó forma humana, no fue solo apariencia. Él fue un verdadero hombre. Tuvo todas las limitaciones y debilidades naturales y no pecaminosas de la humanidad. Experimentó hambre y sed (Mt. 4:2; Jn. 19:28). Se cansó (Jn. 4:6). Y de niño aprendió cosas, incluso obediencia. Sus padres terrenales le enseñaron, y aprendió bien las lecciones.

Los niños necesitan guía positiva con refuerzo positivo.

En realidad, la manera en que Jesús aprendió y creció es esencialmente la misma en que todo niño aprende y crece. Por supuesto, debido a que no pecó, no requirió castigo. Pero sin duda aprendió por medio de instrucción y refuerzo *positivos* de padres amorosos. La Biblia indica que "Jesús crecía en sabiduría y en estatura, y en gracia para con Dios y los hombres" (Lc. 2:52).

Fíjate que Él crecía en cuatro formas: intelectualmente ("en sabiduría"), físicamente ("en estatura"), socialmente ("en gracia para con... los hombres"), y espiritualmente ("en gracia para con Dios"). Todos los niños tienen necesidades en esos mismos cuatro ámbitos, y los padres sabios las satisfarán con instrucción positiva y buen ejemplo.

Nuestros chicos tienen *necesidades intelectuales* porque nacen sin ningún conocimiento de qué es bueno y qué no es bueno para ellos. Los padres deben enseñarles los principios de sabiduría, y la obediencia es el primer paso para conseguirla.

Tienen *necesidades físicas*, y cuanto más pequeños sean, mayores son esas necesidades. De todos los mamíferos superiores, los humanos tienen la menor fortaleza y coordinación al nacer. Ni siquiera pueden darse la vuelta. A medida que crecen ganan musculatura y destreza, pero mientras tanto el escudo de autoridad de los padres es parte necesaria de la protección que Dios ha establecido.

La autoridad de los padres proporciona un ambiente seguro en el cual los niños pueden crecer.

Tienen *necesidades sociales*, porque deben aprender a interactuar con los demás. Los bebés solo se preocupan de sus propias necesidades, y la única forma de comunicarse que conocen es llorar. Al crecer es necesario enseñarles a preocuparse por otros. Los niños tienen que aprender a comunicarse de modo racional con otras personas. Tienen que aprender aspectos como generosidad y empatía por los demás. Aprender a obedecer a sus padres es el primer paso vital para cultivar todas las habilidades sociales que necesitan en la vida.

Sobre todo, los niños tienen *necesidades espirituales*. Sus padres deben enseñarles el evangelio de salvación, los chicos no aprenden naturalmente a amar al Señor. Es necesario instruirlos acerca de Él y que escuchen los principios de su Palabra. Además, la obediencia a los padres es el primer principio espiritual que deben entender y al cual deben someterse.

En otras palabras, la autoridad de los padres proporciona un ambiente seguro en el cual los niños pueden crecer en todas estas maneras. La obediencia de los hijos es el combustible para todo su aprendizaje y crecimiento, y cuanto más aprendan a obedecer, mejor crecerán en sabiduría, en estatura y en gracia para con Dios y los hombres.

¿QUÉ CONLLEVA LA OBEDIENCIA?

La obediencia que Pablo pidió en Efesios 6:1 es sobre todo una actitud, no simple comportamiento visible. La palabra griega para "obedecer" es *jupakou*, de una raíz que significa "escuchar" o "poner atención". Incluye la idea tanto de escuchar atentamente como de obedecer. Por eso es que Pablo citó el quinto mandamiento como un paralelismo exacto: "*Honra* a tu padre y a tu madre" (v. 2).

Es destacable que el quinto mandamiento en sí no use la palabra *obedecer.* "Honrar" es un concepto más amplio que sin duda incluye la idea de obediencia, pero al mismo tiempo condena actitudes de resentimiento, enojo, aversión u otras formas de desafío que a menudo la obediencia mecánica externa enmascara. La obediencia sin honra es hipocresía. La Biblia exige obediencia de corazón.

Pablo explicó además la actitud apropiada de la obediencia con la frase al final del versículo 1: "Obedeced *en el Señor* a vuestros padres". En otras palabras, cuando los hijos obedecen correctamente, lo hacen como para el Señor (véase también Col. 3:23-24), porque Dios delega autoridad a los padres. Por tanto, los padres son ministros de Dios en lo que respecta a los hijos (véase también Ro. 13:1-4).

¿Hasta dónde se extiende este principio? ¿Y si los padres son incrédulos que ordenan a sus hijos que hagan lo que la Palabra de Dios prohíbe? En ese caso la Biblia establece un principio claro: "Es necesario obedecer a Dios antes que a los hombres" (Hch. 5:29). Por supuesto, los hijos deben obedecer todos los mandatos paternales normales como "limpia tu cuarto" y "saca la basura" en cada caso. Se permite al hijo negarse a obedecer solo en aquellas raras situaciones en que el padre ordena a un hijo que viole un mandato explícito de las Escrituras.

Tristemente, algunos padres sí ordenan a sus propios hijos hacer lo malo, e incluso los persiguen por causa de Cristo. Esto es de esperarse. Después de todo, Jesús expresó: "He venido para poner en disensión al hombre contra su padre, a la hija contra su madre, y a la nuera contra su suegra; y los enemigos del hombre serán los de su casa" (Mt. 10:35-36). Debido al pecado y la incredulidad, a veces el evangelio causa amarga división en las familias.

Por ejemplo, he sabido de casos en que padres no cristianos han tratado de prohibir a sus hijos creyentes que lean la Biblia o que tengan comunión con otros creyentes. En los casos más extremos, algunos padres incluso han tratado de obligar a sus hijos a renunciar por completo a Cristo. Cuando los padres se ponen de este modo en contra de Cristo, el hijo tiene un claro deber bíblico de permanecer con Cristo. Jesús siguió diciendo: "El que ama a padre o madre más que a mí, no es digno de mí" (v. 37).

Pero aun así la actitud general del hijo hacia sus padres no debe ser desafiante o beligerante. Si se le obliga a desobedecer, el hijo debe soportar de buena gana las consecuencias. Cuando es castigado por ser fiel a Cristo, el hijo o la hija deben soportar con gusto el reproche (Mt. 5:10-12). Mientras tanto, en todos los demás asuntos el hijo debe permanecer obediente y seguir honrado a los padres en toda forma posible.

La *actitud* es de suprema importancia. Si la actitud es correcta, las acciones apropiadas serán el resultado natural. "Porque cual es su pensamiento en su corazón, tal es él" (Pr. 23:7). Si las acciones son correctas pero la actitud mala, solo es hipocresía que deshonra a los padres y desgracia al hijo. En nuestra familia a menudo disciplinábamos más a los hijos por malas actitudes que por mal comportamiento.

Por tanto, el mensaje para los hijos es corto y sencillo: la obediencia —tanto en la actitud como en la acción— es lo "justo" (Ef. 6:1); "agrada al Señor" (Col. 3:20); honra a los padres; y es bueno para los hijos, ya que los protege del mundo de maldad, les prolonga la vida, y les trae grandes bendiciones.

LOS PADRES

Los padres de hoy suelen ser más pasivos y participar menos en las vidas de sus hijos que cualquier otra generación en la historia estadounidense. Han entregado sus hijos a padres artificiales y sustitutos. Las guarderías, los familiares, la televisión, y los propios compañeros del niño a menudo tienen más influencia que los padres en el desarrollo moral y social de los niños de hoy.

Esa es una renuncia al deber de los padres delante de Dios. El Señor mismo dio a los padres (no a las escuelas, a líderes juveniles, a maestros de escuela dominical, ni a nadie más) la responsabilidad principal de criar e instruir a los hijos. Y Dios quiso que ser padres fuera un trabajo de tiempo completo, sin tiempo libre.

No estoy sugiriendo que debas educar en casa a tus hijos. Es más, tal vez no tengas las habilidades para enseñarles temas académicos tan bien como un maestro. Lo que estoy diciendo es que debes mantenerte íntimamente vinculado en cada aspecto de la vida de tus hijos, incluso la escuela, independientemente de la opción educativa que elijas para ellos. Incluso una escuela cristiana no es un sustituto apropiado para la crianza; solo es un complemento al papel de enseñanza de los padres. Estos son los que tienen la responsabilidad de supervisar la educación del hijo. Y deben seguir ejerciendo una cuidadosa supervisión de todo aspecto de lo que sus hijos aprenden, en especial cuando alguien más imparte la enseñanza. Es por eso que la crianza sigue siendo un trabajo de tiempo completo, aunque los hijos vayan a la escuela.

Observa lo que Dios dijo a los israelitas cuando les entregó los Diez Mandamientos: "Estas palabras que yo te mando hoy, estarán sobre tu corazón; y las repetirás a tus hijos, y hablarás de ellas estando en tu casa, y andando por el camino, y al acostarte, y cuando te levantes" (Dt. 6:6-7).

Dios claramente quiso que la crianza fuera una ocupación de por vida y a tiempo completo. Cada hora del día y cada temporada de la vida es una oportunidad de enseñanza para el padre diligente. Si quieres aprovechar al máximo tales oportunidades, no puedes darte un descanso ni renunciar antes que tus hijos crezcan. Ciertamente no puedes entregar tus hijos a otros y esperar que les den el tipo de crianza e instrucción que solo unos padres fieles pueden proporcionar.

5

EL DEBER DE LOS PADRES:

CRIAR EN DISCIPLINA Y AMONESTACIÓN

Los hijos tienen el papel fácil en la familia. Lo único que deben hacer es obedecer a sus padres. El *deber de los padres* es lo realmente difícil. Tienen que darles un buen ejemplo, ser maestros diligentes, corregirlos de manera regular, y proporcionar disciplina coherente... todo sin frustrar a sus hijos en el proceso.

Alguien ha señalado que pasamos los primeros doce meses de la vida de nuestros hijos enseñándoles a caminar y hablar, y los veinte años siguientes tratando de hacer que se sienten y callen. La crianza de hijos no es para los débiles de corazón. Las habilidades y la paciencia necesarias para ser buenos padres no se reciben de manera natural, del mismo modo que la obediencia no viene de manera natural a los hijos.

Recuerda: los padres, al igual los hijos, son seres caídos y pecadores. Heredamos de Adán tanto la culpa como la depravación. Nacimos con la misma inclinación hacia el pecado que tienen nuestros hijos. La redención en Cristo nos da un corazón nuevo y una capacidad nueva de amar la rectitud, pero hasta que se complete la redención lucharemos siempre con los restos de nuestra naturaleza pecadora, la cual nos lleva a hacer cosas que detestamos (Ro. 7:15-24). Todavía "gemimos dentro de nosotros mismos" (Ro. 8:23; véase además 2 Co. 5:2). Aún enfrentamos conflictos por fuera y temor por dentro (2 Co. 7:1). Y todas esas cosas aún frustran nuestros esfuerzos por ser buenos padres.

En otras palabras, aunque la Biblia ordena a los hijos obedecer a sus padres en todo, los padres no siempre tienen la razón. De ninguna manera son infalibles, y ¡ay de los que pretenden creer que no se equivocan!

En realidad, el principio de sumisión mutua también abarca el rol de los padres. Hay un sentido verdadero en que los padres deben someterse a sus hijos, y Pablo definió en Efesios 6:4 cómo obra: "Vosotros, padres, no provoquéis a ira a vuestros hijos, sino criadlos en disciplina y amonestación del Señor".

A propósito, la palabra traducida "padres" en la mayoría de versiones en español de ese versículo es la expresión griega *patéres*, que puede significar "papás" o "papá y mamá". En Hebreos 11:23 claramente significa "papá y mamá" por lo que se traduce "padres". Ese también parece ser el sentido claro del vocablo en Efesios 6:4. Creo que esta es la mejor manera de entender el pasaje.

De todos los principios que Pablo describió para las familias en Efesios 5:22—6:4, este fue sin duda el más opuesto a la propia cultura del apóstol. En el mundo romano de ese tiempo los padres presidían a sus familias, y literalmente podían hacer con ellas lo que quisieran. Una ley romana conocida como *patria potestas* (literalmente "la potestad del padre") otorgaba derechos absolutos de propiedad sobre sus familias a todos los jefes de familia que eran ciudadanos romanos. Las esposas, los hijos y los esclavos de la casa eran por ley posesiones personales del patriarca, quien podía hacer con ellos lo que quisiera. Sin recurrir a ningún tribunal de justicia, el hombre tenía autoridad plena para repudiar a sus hijos, venderlos como esclavos e, incluso, darles muerte. Obviamente, en el mundo romano era el niño quien trataba de no provocar la ira del padre, no al revés.

Pero las instrucciones del apóstol pusieron patas arriba la norma cultural. Pablo enseñó que incluso los padres deben someterse a los hijos. Y lo hacen sacrificándose para dar a sus hijos lo que necesitan, mientras cuidan de no exasperarlos ni desanimarlos. El mandato consta de tres partes.

NO PROVOCARLOS A IRA

Antes que nada, Pablo advirtió: "No provoquéis a ira a vuestros hijos". No los saques de quicio insensatamente. No los acoses sin necesidad. No los exasperes en forma deliberada. No los desanimes neciamente. Al contrario, muéstrales sumisión tratándolos con amabilidad, bondad, consideración y respeto. Después de todo, esa es una parte esencial de ser un buen ejemplo para ellos.

Pablo no estaba sugiriendo que cada vez que un niño se enoje, es el padre quien ha pecado. Obviamente, los niños pueden enojarse, y se enojan, aparte de cualquier provocación pecaminosa de parte del padre.

Tampoco excusa a los hijos que se enojan, independientemente de las circunstancias. Ellos tienen el deber de honrar a sus padres y obedecerles de corazón, aunque los padres sean irritantes.

Sin embargo, esto sí sugiere que los padres que pecan de este modo son doblemente culpables. No solo violan su deber como padres sino que también hacen tropezar a sus propios hijos.

La expresión "provoquéis a ira" es una palabra en griego: *parorgízete*. Se aplica a toda clase de ira, desde enfado silencioso hasta arrebatos indignados y rabia rebelde absoluta. Los niños expresan su ira en maneras diferentes.

Los padres siempre deben administrar disciplina con el bien del hijo en mente, nunca más del necesario y siempre con amor.

Los padres también provocan a ira a sus hijos por varios medios. Durante mis años como pastor he observado muchas maneras diferentes en que los padres hacen esto. Evítalas todas. He aquí algunos ejemplos:

Hay padres que destrozan anímicamente a sus hijos con *disciplina excesiva*. He conocido padres que parecen pensar que si la disciplina es buena para un hijo, la disciplina adicional debe ser aún mejor. Constantemente ondean la amenaza del castigo corporal como si lo amaran. Ningún padre debería estar ansioso por castigar. Y ningún castigo debería ser brutal o intimidante. Los padres siempre deben administrar disciplina con el bien del hijo en mente, nunca más del necesario y siempre con amor.

Otros padres exasperan a sus hijos mediante *disciplina incoherente.* Si tres veces pasas por alto una infracción a tu hijo, y lo castigas severamente la cuarta vez, lo confundirás y exasperarás. La disciplina paterna debe ser coherente. Esa es una de las razones principales de que la crianza requiera diligencia de tiempo completo.

Algunos padres irritan a sus hijos con *crueldad.* Me asombro cuando oigo a padres diciendo deliberadamente cosas malintencionadas a sus hijos. Y muchos lo hacen en público, complicando aún más el problema. He oído a padres decir a sus hijos cosas que nunca las dirían a alguien más. Esa es una manera segura de abatir el corazón del hijo y provocarle resentimiento.

Otra manera en que los padres irritan a sus hijos es *mostrando favoritismo.* Isaac favoreció a Esaú por sobre Jacob, y Rebeca prefirió a Jacob sobre Esaú (Gn. 25:28). El resentimiento que provocó ese favoritismo ocasionó una división permanente en la familia (Gn. 27). Pero Jacob cometió el mismo error con sus propios hijos, mostrando tal favoritismo hacia José, uno de sus hijos menores, que los hermanos de José conspiraron para eliminarlo (Gn. 37). Aunque Dios sacó de modo soberano mucho bien de lo que le sucedió a José (Gn. 50:20), eso no cambió el hecho de que Jacob y su familia tuvieran que soportar gran tristeza, dolor y maldad a causa de la cadena de acontecimientos que comenzó con el favoritismo de Jacob.

Hay padres que exacerban a sus hijos por *exceso de indulgencia*. También son permisivos. Investigaciones de muchas fuentes diferentes muestran que los hijos que reciben demasiada autonomía se sienten inseguros y no amados. No es de extrañar. Después de todo, la Biblia afirma que los padres que permiten que sus hijos se porten mal sin sufrir consecuencias, en realidad les demuestran desprecio (Pr. 13:24). Los hijos saben eso instintivamente y se exasperan.

Por otro lado, algunos padres frustran a sus hijos mediante *sobreprotección*. Los cercan, los sofocan, les niegan cualquier medida de libertad o confianza. Esa es una manera segura de provocar frustración en un hijo: hacer que pierda la esperanza de tener alguna libertad a menos que se rebele.

Muchos padres motivan ira en sus hijos por constante *presión por logros*. Si nunca elogias a tus hijos cuando tienen éxito sino que siempre los induces a hacer mejor las cosas la próxima vez; si no los consuelas ni los animas cuando fallan; o peor aún, si los obligas a tratar de cumplir objetivos que tú nunca cumpliste, sin duda tus hijos se resentirán. Es bueno animarlos a sobresalir. Es más, esa es parte natural y normal de la crianza (1 Ts. 2:11). Pero no olvides equilibrar tu deseo por verlos alcanzar su potencial pleno con un poco de paciencia y comprensión, o provocarás la clase más amarga de resentimiento.

Otras maneras en que los padres provocan a sus hijos son negligencia, críticas constantes, desdén, indiferencia, desapego, brutalidad, santurronería, hipocresía, falta de justicia, o humillación deliberada. Todo eso provoca exasperación en los hijos al *desalentarlos*. Y eso es precisamente lo que Pablo dijo en el pasaje paralelo, Colosenses 3:21: "Padres, no exasperéis a vuestros hijos, para que no se desalienten".

Ese es el lado negativo de Efesios 6:4. Hay dos deberes paternales positivos que también se dan en ese versículo: "Disciplina y amonestación". *Disciplina* tiene que ver con formar y educar (es más, la palabra se traduce "educar" en algunas versiones bíblicas). *Amonestación* implica instruir, advertir, recordar, corregir y, a veces, reprender. Examinaremos individualmente cada uno de estos deberes positivos.

DISCIPLINA

La palabra griega normal para "hijo" es *país*. Es la raíz de la expresión traducida "disciplina", *paideía*. Por lo que este término habla de formación del hijo, y abarca varios aspectos: instrucción, adiestramiento, castigo, entrenamiento y educación. Es más, la palabra *paideía* se traduce en algunas de esas maneras en varias versiones en español. (La misma expresión aparece aquí, una vez en 2 Ti. 3:16 [instruir], y cuatro veces en el análisis del castigo divino en He. 12:5-11 [disciplina]).

Me gusta la palabra *instruir* porque creo que capta la ternura y el afecto que es propio de la crianza de los hijos. Tanto el contexto como el vocablo en sí muestran que Pablo estaba pidiendo instrucción amorosa y cuidado compasivo.

Pablo ordenó: "Criadlos" (empleando la misma expresión traducida "sustenta" en Efesios 5:29). Los niños no pueden alcanzar la madurez por sí mismos. Los padres tienen que criarlos. Los niños *necesitan una guía* fuerte de los padres. De hecho, mientras más se les deje a su suerte, menos se convertirán en lo que deberían ser. Proverbios 29:15 advierte: "El hijo malcriado avergüenza a su madre" (NVI).

Una vez más, eso se debe a la depravación natural de los hijos. Como vimos en el capítulo anterior, los niños nacen con inclinación a pecar. Ya hemos observado que este es uno de los obstáculos más formidables para la obediencia del niño. También es el problema más importante que los *padres* deben tratar.

En otras palabras, los padres no pueden criar a sus hijos para ser lo que deben ser a menos que les ayuden a comprender que sus necesidades más fundamentales son espirituales, y a menos que críen a sus hijos en consecuencia. (Otra vez vemos la importancia vital de una familia cristiana).

Los niños tienen problemas del corazón. Constitucionalmente son pecadores. Al igual que sus padres, y como el resto de la especie adámica, están caídos. Lo que más necesitan son corazones regenerados. Este es el inconveniente más fundamental en la crianza de los hijos. En última instancia no se trata de comportamiento sino del corazón del niño.

No basta con corregir el comportamiento de nuestros hijos; lo que realmente necesitan es una renovación del corazón.

El comportamiento simplemente refleja lo que hay en el corazón. En Marcos 7:21-23 Jesús dijo: "De dentro, del corazón de los hombres, salen los malos pensamientos, los adulterios, las fornicaciones, los homicidios, los hurtos, las avaricias, las maldades, el engaño, la lascivia, la envidia, la maledicencia, la soberbia, la insensatez. Todas estas maldades de dentro salen, y contaminan al hombre". Proverbios 4:23 declara: "Sobre toda cosa guardada, guarda tu corazón; porque de él mana la vida". Lucas 6:45

expresa: “El hombre bueno, del buen tesoro de su corazón saca lo bueno; y el hombre malo, del mal tesoro de su corazón saca lo malo; porque de la abundancia del corazón habla la boca”. Muchos otros pasajes bíblicos enseñan lo mismo: el mal comportamiento proviene de un corazón corrupto. Por tanto, no basta con corregir el comportamiento de nuestros hijos; lo que realmente necesitan es una renovación del corazón.

Por supuesto, los padres no tienen poder para renovar el corazón del hijo. Solo Dios puede hacerlo (Ez. 36:26-27). Pero los padres deben ayudar a sus hijos a entender que sus corazones necesitan desesperadamente regeneración, que el problema verdadero que tienen es el pecado, y que *todas* sus más grandes necesidades son por tanto espirituales. Los padres también deben dirigir a sus hijos a Cristo como el único Salvador que puede proporcionar el perdón y la redención que necesitan. Ese es el más importante de todos los deberes de los padres, y el padre que lo descuida no está criando fielmente a sus hijos “en disciplina y amonestación del Señor”.

Naturalmente, los hijos también carecen de madurez, y la instrucción de los padres debe tener como objetivo darles la experiencia y el entendimiento que necesitan a medida que maduran. Pero los padres deben llevar a cabo *toda* esa instrucción en el contexto de abordar el problema básico de las necesidades espirituales del niño. La depravación no es un problema que nuestros hijos superarán de manera natural.

En otras palabras, no basta con corregir el mal comportamiento y enseñar buenos hábitos. La crianza adecuada no consiste en control de conducta, o simplemente en enseñar a los hijos a ser obedientes. Criar a nuestros hijos "en disciplina y amonestación del Señor" es dirigirlos a Cristo.

Los padres no podemos garantizar la salvación de nuestros hijos. No podemos creer por ellos. Solamente el Espíritu Santo puede darles un nuevo corazón (Jn. 3:6-8). Pero los padres debemos ser evangelistas para señalarles el camino hacia Cristo, y también debemos estar vigilantes y ser guerreros persistentes de oración a favor de nuestros hijos. Todo eso está envuelto en la "disciplina y amonestación del Señor".

El deber de los padres se extiende más allá de señalar a Cristo para salvación. Cuando el hijo llega a la fe es algo maravilloso, pero los padres aún tienen que dar mucha formación e instrucción. Y el problema principal sigue siendo espiritual. No es suficiente enseñarles habilidades sociales; debemos instruirlos en cómo resistir la tentación. No es suficiente enseñarles a ser generosos con otros y respetar sus propiedades; también deben aprender por qué el pecado es tan sumamente grave. Los hijos deben saber que los pecados como orgullo, lujuria y codicia ofenden a Dios. Es deber de los padres enseñarles, o *criarlos*, en "disciplina y amonestación del Señor" (Ef. 6:4). No creas que ellos asimilarán estas cosas por ósmosis.

Desde luego, los padres *sí* tienen que tratar con problemas externos de conducta, pero allí no es donde empieza y termina la disciplina y amonestación. Los hijos también deben aprender que el problema básico es su pecado, por lo que es necesario enseñarles el remedio para el pecado. El castigo no es por el bien de padres frustrados. Se supone que es para beneficio del hijo. Y a fin de obtener beneficio pleno, los hijos deben entender que el verdadero problema es su pecado... pecado que ofende a *Dios*.

Por cierto, si vas a criar fielmente a tus hijos "en disciplina y amonestación del Señor" debes enseñarles *todo* el consejo de Dios. Toda la Biblia les es provechosa (2 Ti. 3:16), así que no olvides nada con relación a sus doctrinas, reproches, corrección o instrucción en justicia.

Recuerda que Deuteronomio 6:6-7 ("estas palabras que yo te mando hoy... las repetirás a tus hijos, y hablarás de ellas estando en tu casa, y andando por el camino, y al acostarte, y cuando te levantes") hace que la instrucción espiritual a tiempo completo sea deber primordial de los padres. Esa es la clase de "crianza" que nuestros hijos necesitan, y es a lo que Efesios 6:4 se refiere. No descuides ese deber.

AMONESTACIÓN

La palabra traducida "amonestación" en Efesios 6:4 es *nouthesía* en griego. Significa "reproche" o "advertencia". En realidad es un sinónimo cercano de *paideía.* Pablo no estaba contrastando estas dos expresiones; simplemente repitió y desarrolló el concepto. El proceso de "disciplina" (instrucción) en realidad *requiere* "amonestación" (advertencia, corrección, exhortación y hasta reproche).

Eso trae a colación el asunto de la disciplina. ¿Qué método de castigo deben usar los padres? ¿Reprimendas verbales? ¿Separaciones breves? ¿Cero salidas? ¿Eliminación de privilegios? ¿Pena corporal? ¿Todas las anteriores?

Ningún asunto en la crianza de los hijos parece confundir más a los padres que la cuestión de cómo disciplinar mejor a los hijos. Muchos "expertos" seculares insisten en que todas las formas de castigo físico son agresivas y gravemente perjudiciales para la psiquis del niño. Algunos incluso afirman que los padres *no* deben usar ninguna forma de corrección negativa con los niños; dictaminan que el refuerzo positivo es suficiente.

Las Escrituras dicen lo contrario. Es más, prescriben castigo corporal y declaran que este es un elemento necesario del amor de los padres (Pr. 13:24; 23:13). Sin embargo, no es el *único* método de disciplina que las Escrituras reconocen. Ningún castigo único es correcto para todo hijo en toda situación. Todas las formas de disciplina que ya mencioné, y muchas otras, son adecuadas en diversas situaciones. Los padres deben escoger y aplicar cualquier método de disciplina que utilicen con sabiduría, moderación, amor y entendimiento.

Por supuesto, un tratamiento exhaustivo de este tema está mucho más allá del alcance de este librito.[7] Pero aquí expongo tres principios sencillos que serán útiles para los padres que deseen entender cómo disciplinar a sus hijos sin provocarlos a ira:

En primer lugar, *la disciplina debe ser coherente.* "Si quieres decir 'sí', solamente di 'sí', y si quieres decir 'no', solamente di 'no'" (Mt. 5:37, PDT). Si un padre le dice a un hijo que no haga algo y el hijo lo hace de todos modos, el padre *debe* corregirlo. Pasar por alto la falta es autorizar desobediencia y animar más rebelión. Además, no seas severo a veces e indulgente otras veces. La disciplina siempre debe ser firme (no necesariamente dura) pero siempre en amor y siempre coherente. Sé igual de firme con todos tus hijos. Y cumple tu palabra cuando hagas promesas.

Segundo, *el castigo debe ajustarse a la falta.* Reserva los castigos más duros para casos en que el

---

7. He cubierto el tema con algo más de detalle en *Cómo ser padres cristianos exitosos*, pp. 83-86, 140-144.

hijo haya desobedecido deliberadamente. No castigues al hijo que simplemente ha sido descuidado con el mismo rigor con que podrías castigar un acto de rebeldía manifiesta. Usa el castigo corporal solo para las infracciones más graves; no la impongas automáticamente con cada falta insignificante. Los mejores padres son creativos en el castigo, vinculándolo con la falta. Por ejemplo, un niño que no es amable con un hermano o hermana podría ser castigado haciéndose cargo de una de las tareas del hermano ofendido. La desobediencia grave requiere una nalgada.

Por último, recuerda que *gran parte de tu disciplina debe ser positiva en cuanto sea posible.* Asegúrate de notar y recompensar el comportamiento positivo al menos tan a menudo como castigas la mala conducta. Creo que es importante que el quinto mandamiento mismo sea reforzado con motivación positiva: una promesa de bendición para aquellos que obedecen. Los premios por la obediencia son perfectamente legítimos.

Tales principios, como todos los principios bíblicos para las familias, son sencillos y directos. La crianza de hijos no es compleja; lo que la hace "difícil" es no seguir estos principios de manera fiel, diligente y constante.

Mi oración por ti, querido lector, es que Dios te conceda gracia para ver, sabiduría para entender, y determinación firme para aplicar todos los sencillos principios de la Palabra de Dios en lo que respecta a tu familia. Que tu familia resulte bendecida, fortalecida y realizada al poner en práctica todos juntos la verdad de Dios.

ACERCA DEL AUTOR

John MacArthur, uno de los maestros y expositores de la Biblia más destacados de la actualidad, es autor de numerosas obras de gran éxito que han tocado millones de vidas. Es pastor-maestro de la Iglesia Grace Community en Sun Valley, California, y presidente de The Master's University and Seminary. También es presidente del ministerio que produce el programa radial internacional *Gracia a vosotros* y gran cantidad de recursos impresos, de audio, y de la Internet, todos con la enseñanza popular del pastor MacArthur de un versículo a la vez. También es autor de las notas en *La Biblia de estudio MacArthur*, que ha sido galardonada con el Medallón de Oro y de la que se han vendido más de 500.000 ejemplares. John y su esposa Patricia tienen cuatro hijos que les han dado trece nietos.

Para más detalles acerca de John MacArthur y todos sus recursos de enseñanza bíblica, comunícate con Gracia a Vosotros al 661-295-6207 (Estados Unidos) o www.gracia.org.

Es fácil volverse complaciente con el significado del evangelio, especialmente después de años de caminar con el Señor. La palabra misma puede volverse un lugar común, solo otro término en el glosario cristiano. Sin embargo, el evangelio no es algo común o rutinario. Sus maravillas, alegrías e implicaciones son infinitas. Cuanto más tiempo y más profundo lo miras, más resplandece la gloria.

En el libro *El Evangelio según Dios*, John MacArthur nos muestra por qué Isaías 53 es llamado acertadamente el primer evangelio. Veremos el evangelio detallado en las propias palabras de Dios al revelar a su Mesías, su amor por Israel y sus promesas para nosotros.

Las recompensas de ser el padre que tus hijos necesitan hacen que valga la pena el esfuerzo de mantenerte firme. La Biblia ofrece pautas claras para los papás sobre cómo ser un buen padre.

Comprométete a ser el papá que tus hijos necesitan, y Dios te guiará a cada paso del camino. ¡No hay manera más segura de experimentar toda una vida de bendiciones en la familia!

Descubra la belleza, la armonía y los beneficios de los principios bíblicos para los papeles a desempeñar por los hombres y las mujeres. La sociedad moderna ha reemplazado el punto de vista bíblico de la diferencia entre hombres y mujeres con una tesis secular y confusa. Este libro pone a un lado las normas culturales preponderantes y le ayuda a entender y aplicar los principios bíblicos a su propia vida.

Criar a los hijos según el camino de Dios se lleva a cabo con solicitud, compasión y sentido común, igual que Dios el Padre nos cría a nosotros como sus hijos. El reconocido autor John MacArthur presenta estas eficaces características de la crianza de los hijos de manera llana y lógica. Profundiza en temas vitales de la crianza bíblica como: el papel del padre, el papel de la madre, como enseñar con sabiduría, la disciplina y otros.

EDITORIAL
PORTAVOZ

NUESTRA VISIÓN

Maximizar el efecto de recursos cristianos de calidad que transforman vidas.

NUESTRA MISIÓN

Desarrollar y distribuir productos de calidad —con integridad y excelencia—, desde una perspectiva bíblica y confiable, que animen a las personas a conocer y servir a Jesucristo.

NUESTROS VALORES

Nuestros valores se encuentran fundamentados en la Biblia, fuente de toda verdad para hoy y para siempre. Nosotros ponemos en práctica estas verdades bíblicas como fundamento para las decisiones, normas y productos de nuestra compañía.

Valoramos la excelencia y la calidad.
Valoramos la integridad y la confianza.
Valoramos el mérito y la dignidad de los individuos y las relaciones.
Valoramos el servicio.
Valoramos la administración de los recursos.

Para más información acerca de nuestra editorial y los productos que publicamos visite nuestra página en la red: www.portavoz.com.